U0936199

珍藏本
纪念版

汉译世界学术名著丛书

财富理论的数学原理的研究

〔法〕奥古斯丹·古诺 著

陈尚霖 译

商务印书馆
SINCE 1897 The Commercial Press

2017年·北京

Augustin Cournot

RESEARCHES INTO THE MATHEMATICAL PRINCIPLES OF THE THEORY OF WEALTH

Translated by Nathaniel T. Bacon

Augustus M. Kelley, New York 1960

本书根据纽约 A. M. 凯利出版公司 1960 年版译出

汉译世界学术名著丛书
（120年纪念版·珍藏本）
出版说明

2017年2月11日，商务印书馆迎来120岁的生日。120年前，商务印书馆前贤怀揣文化救国的理想，抱持“昌明教育，开启民智”的使命，立足本土，放眼寰宇，以出版为津梁，沟通中西，为中国、为世界提供最富智慧的思想文化成果。无论世事白云苍狗，潮流左右激荡，甚至战火硝烟弥漫，始终践行学术报国之志，无改初心。

迻译世界各国学术名著，即其一端。早在20世纪初年便出版《原富》《天演论》等影响至今的代表性著作，1950年代后更致力于外国哲学和社会科学经典的译介，及至1980年代，辑为“汉译世界学术名著丛书”，汇涓为流，蔚为大观。丛书自1981年开始出版，历时三十余年，迄今已推出七百种，是我国现代出版史上规模最大、最为重要的学术翻译工程。

丛书所选之书，立场观点不囿于一派，学科领域不限于一门，皆为文明开启以来，各时代、各国家、各民族的思想与文化精粹，代表着人类已经到达过的精神境界。丛书系统译介世界学术经典，引领时代思想，为本土原创学术的发展提供丰富的文化滋养，为推动中国现代学术和现代化进程做出了突出的贡献。

为纪念商务印书馆成立120周年，我们整体推出“汉译世界学术名著丛书”120年纪念版的珍藏本，寄望既利于文化积累，又便于研读查考，同时向长期支持丛书出版的译者、编者和读者致以敬意。

两甲子后的今天，商务印书馆又站在了一个新的历史时间节点上。我们不仅要铭记先辈的身影和足迹，更须让我们的步伐充满新的时代精神。这是商务人代代相传的事业，更是与国家和民族的命运始终紧密相连的事业。我们责无旁贷，必须做好我们这代人的传承与创造，让我们的努力和成果不仅凝聚成民族文化的记忆，还能成为后来人可以接续的事业。唯此，才能不负前贤，无愧来者。

商务印书馆编辑部

2017年10月

中译本前言

安东尼·奥古斯丹·古诺是法国数学家，数理经济学派最重要的先驱者和奠基者。1801 年 8 月 28 日生于法国上索恩省的格莱。在中学时曾接受数学专门训练，1821 年到巴黎高等师范学校继续攻读数学。1831 年任巴黎大学副教授，1834 年任里昂大学数学教授。他在概率论、认识论和经济学三个相互联系的学术领域中作出了贡献，尤其在经济学方面的建树影响更为久远。他在经济学方面的代表作是《财富理论的数学原理的研究》。

古诺的《财富理论的数学原理的研究》出版于 1838 年。此书出版后近 40 年未受到经济学界关注。直到 70 年代杰文斯、瓦尔拉斯和博卡杜三人的著作发表后，古诺的这本书才为人们所重视。有人认为他在经济学方面的"主要成就是对已有的，但形态模糊的经济概念和经济命题给予严密的数学表述。他的分析方法强有力地促使经济学从文字的叙述转向形式逻辑的和数字的表达。"爱尔兰经济学家兼统计学家埃奇沃思教授认为，古诺的论著"是以数学形式把经济科学里的某些高度概括的命题，陈述得最好的"。

古诺认为某些经济现象，如供给和需求都和价格存在着函数关系，因此可以用一些函数形式来表示市场中的关系，从而也可以用数学分析的形式及符号来表达一些经济规律。该书共分十二章。第一—三章论述交换价值的意义和变化以及汇价问题;第四—九章论述交换价值,即价格的决定及其变化的理论;第十—十二章分析这种价格变化对社会收入的影响;本书重心在第四—九章。第四章论述需求法则,认为它是价格理论的基础。古诺用数学方法说明需求法则的基本性质,认为它反映市场价格与需要量的客观关系。他将交换价值与所谓欲望的心理动机作了区分,但他也抛开了对价值本质的分析,集中考察了交换价值和价格。古诺最先用函数形式表述需求规律,并且实际上提出了总收益函数和边际收益函数等概念。第五—七章根据需求法则讨论垄断者如何决定其所卖商品的价格及对垄断者征税时的价格变化。第八章论述在无限竞争情况下的价格决定理论。古诺运用局部均衡分析方法,从数学上对"垄断"、"双头垄断"直到"无限竞争"等不同市场条件下的价格决定问题作了解答。第九章考察在不同的生产要素由不同的生产者供给时,生产要素的价值是如何决定的。在此,古诺通过对供给函数,即商品成本状况的分析,实际上提出了边际成本的概念。

古诺在本书序言中反复强调在财富理论上运用数学的必要性、重要性。他说:"数学的用处并非单纯是计算出数值结果,它还可以用来发现不能用数字表达的量之间的关系,以及不能用代数表达式来说明其形式的函数之间的关系。例如,尽管不借助于经验就不可能给出偶然事件的数字值,……概率论仍可为极重要的命题提供证明。"他又说:"那些在使用常规语言的作者笔下,表达得不确定而又晦涩难懂的分析"可以"用自己熟悉的符号加以确定化"。

古诺的这本书在数理经济学的发展史上占有重要地位，书中提出的一些正确的公式和内涵丰富的演绎方法不仅对经济研究人员有参考价值，而且对我们在社会主义经济建设中如何使用数学工具和数学方法也有一定的借鉴作用，因而特予译出。

该书原版为法文，中译本根据纳撒尼尔·T.培根的英译本译出。

目　　录

英译本再版前言

本版完全按1897年版本重印，但增添了数学注释，这些注释是我发表于《经济学季刊》1898年1月号上《古诺与数理经济学》一文的附录。

本书是应众多数理经济学者及古诺的仰慕者之请而重印的。

自本书的英译本在20年前问世以来，数学方法已在经济的以及统计的研究中普遍使用，所以无需再增添可能必要的条目，使文献目录延续到当前；而且今天也不像当年那样，需要强调数学方法的重要性了，因为持异议的已经绝无仅有。

欧文·费希尔

1927年8月于耶鲁大学

古诺与数理经济学

安东尼·奥古斯丹·古诺(Antoine Augustin Cournot),1801年8月28日生于法国上索恩省的格莱。早年就读于当地学校,并在贝桑松公立中学首次接受数学专门训练。1821年,他进巴黎的高等师范学校,继续研读数学。1834年,在里昂任数学教授,次年任格勒诺布尔地方高等专科学校的校长。1838年,他发表了《财富理论的数学原理的研究》(Recherches sur les principes mathématiques de la théorie des richesses),这也正是这本译著的法文原著作。同年,古诺应召赴巴黎任总督学。他在1838年被授予荣誉骑士团的爵位,并于1845年为荣誉勋位受勋者。1854年他成为第戎高等专科学校校长,但从1862年起就不再正式授课。从那时起直至去世,他一直忙于著述。他的《数学原理》(Principes Mathématiques)一书,注意者甚少,并不成功。1863年,他在《财富理论的原理》(Principes de la théorie des richesses)的标题下,以通俗的文字演算和解释上述著作,到1876年,又在《经济学说概论》(Revue sommaire des doctrines économiques)一书中作了进一步阐述。他于次年3月31日在巴黎去世。

古诺的数学著作,有1841年的《函数理论与微积分基础》,1847年的《代数与几何之间对应的根源与界限》,1843年的《机遇

与概率理论的阐述》。在上述的最后一本书里，他阐述了将概率论应用于统计学的方法。

古诺也有哲学方面的著述，例如，1861 年的《科学与历史学中基本思想的连贯性》和 1872 年的《对当代思想与事件发展过程的思考》。他还翻译过若干英文的数学著作，其中包括约翰·赫谢尔的《天文学》。他还编辑过两卷欧拉著的著名的《致君主》，等。

古诺一生的事迹，可读里亚德在《双月评论》（法文）1877 年 7 月号的文章和《传记信息》（法文）。对古诺经济学方面著作的评论，可见帕尔格雷夫的《政治经济学辞典》（英文）；杰文斯《政治经济学理论》（英文）第二版的序言；瓦尔拉斯的《纯粹经济学要义》（法文），奥斯庇兹和里本的《价格理论的研究》（德文）和马歇尔的《经济学原理》（英文）；维尔弗里杜·帕累托在《经济学家报》杂志 1892 年 1 月号上写过一篇文章《谈古诺利用数学论述政治经济学中的一个失误》（意大利文），同一杂志的 1897 年 7 月号还登过一篇埃奇沃思的《关于纯垄断的理论》（意大利文）。本文作者即将在《经济学季刊》上，专门为既想详细领会古诺著作中的推理，又不太熟悉所需数学内容的读者，发表一篇评论与阐述《数学原理》的论文，作者也正在为同一目的撰写一本简明的微积分导论。

在将这本书译为英文时，译者（耶鲁大学 1879 年哲学学士，罗德岛皮斯代尔的纳撒尼尔·T. 培根先生）致力于既保持法文的古朴韵味又尽可能地流畅。他还极其细心地推演了书中的数学推导，从而发现了大量令人吃惊的差错。大部分是印刷错误，也有一部分是原作者粗心所致，还有些则令人莫明所以。除去对论述有严重影响的两条之外，其余都已经纠正。一条是第 115 页上的算式(6),另一条则是第 142 页的最后一个不等式。算式中的错误都不难改正:重抄第 115 页的算式(6),但用零替换式中的 ε;第 142 页的不等式则应该将不等号转换方向。问题在于紧随在算式后面的结论都必须作实质性的修改。

经济学界漠视《数学原理》一书近 40 年之久。杰文斯、瓦尔拉斯和博卡杜三人的著作对这本书的获得新生,起了主要作用。尽管目前阅读数理经济学著作的人还不广泛,但已经有人在勤奋钻研古诺的论著,他的论著也已经对经济学界产生了肯定而且有力的影响。埃奇沃思教授在帕尔格雷夫的《辞典》里就说过,古诺的论著"是以数学形式,把经济科学里的某些高度概括的命题,陈述得最好的";而马歇尔教授则在其《原理》的序言中宣称"古诺的天才必然会给予阅读其著作的每一个人以新的精神力量。"

数理经济学的文献目录(中译本略),自然是在杰文斯的《政治经济学理论》一书附录的基础上完成的。不过,那份附录忽略了有些没有使用符号的文献。即使是与杰文斯和瓦尔拉斯共享独立开发边际效用理论之荣誉的门格尔,他的《国民经济理论》,也因为必须把它归属于用文字而不是数学方法一类,而没有收进那份目录。在此,杰文斯的文献目录已经小心地修订和更正过了,并且一直编写到 1897 年。

文献目录自然地划分为分别由塞瓦、古诺、杰文斯和马歇尔的论著居首的四个阶段。塞瓦享有将数学方法首先用于经济问题的盛誉;古诺显然是应用数学方法获得巨大成功的第一个人;杰文斯(还有几乎是同时的瓦尔拉斯)引起了经济学界对这种方法认真的关注;而马歇尔则使它(或者至少是使更为简单的图像法)得到了广泛的运用。四个阶段经历的时间，持续缩短，分别为 127，33，19 和 8 年，但每个阶段中文献的书名、篇名的数目却不断增多。还有一个现象，应用数学方法的课题种类在迅速增加，纯经济学的论文数量的增长，相对而言要少些，关于运输的文献，一度发表得很多，后来却又少下去了。

耶鲁大学研究生约翰·M. 盖恩斯先生为本书付梓出了不少力；耶鲁学生托马斯·G. 巴恩斯先生，詹姆斯·O. 穆尔先生，尤其是威廉·B. 贝利先生，在编撰文献目录方面都大有贡献。作者对提供文献资料的许多人谨致谢忱，尤其是对潘塔里奥尼教授、瓦尔拉斯教授、帕累托教授和埃奇沃思教授。

欧文·费希尔

1898 年 1 月

附录：古诺所用数学的注释①

（据《经济学季刊》1898 年 1 月号重印）

1. 第 43 页第三个方程式，根据第 42 页方程(c)中的第二行，用 $c_{2,1}$ 的值去除 $c_{3,1}$ 的值，得 $c_{3,2}$。$c_{2,1}$ 和 $c_{3,1}$ 的值，自然是解它们上面的两个方程求得的。（数学界的读者会注意到，古诺肯定不熟悉在当时尚未广泛使用的行列式。否则几乎可以肯定他会表达(d)

① 在准备这些注释时，费希尔先生得到了耶鲁大学研究生院约翰·M. 盖恩斯先生的许多有价值的意见和建议。（每条注释的页码则是中译文的页码——译者）

的一般解，而不会局限于三个中心的特例；第 105 和 109 页的 Q 与 R，也同样可用行列式来说明。）

2. 第 44 页 I，中心(1)的净进口金额 I 是所有方面欠(1)的总债务与(1)欠人家债务的差额而不仅是(2)欠(1)和(1)欠人家的差额。E 也类似。要证明方程(e)，把它写完全；亦即代入 E 与 I 的值。每侧都有两项可消去(记住 $\gamma_{1,2}\gamma_{2,1}=1$)；得到的结果全同于将($d$)中除头两个外其他方程相加的结果，但要记住 $c_{2,1}$ 现在是 $\gamma_{2,1}$ 而 $c_{3,2}\gamma_{2,1}=c_{3,1}$ 等。

3. 第 58 页方程(1)，会使 $pF(p)$ 为极大的 p 值是令 $pF(p)$ 的微系数即 $F(p)+pF'(p)$ 为零所得方程的根。

4. 第 58 页图 1，pD 极大的几何解释是使矩阵 On 极大，因为这一矩形的面积是它的底 Oq，或 p，与它的高 qn 或 D 的乘积。几何学的一个命题说，当 n 的位置使 $Oq=qt$ 时，On 极大。事实上 $Oq=qt$ 这个方程是方程(1)的几何形式，方程(1)可写成 $p=\dfrac{F(p)}{-F'(p)}$，在此，左侧由 Oq 代表而右侧正是 qt(因为 $F(p)$ 是 nq 而曲线在 n 点的斜率 $F'(p)$ 是 $\dfrac{nq}{-qt}$，故 $\dfrac{F(p)}{-F'(p)}=\dfrac{nq}{\dfrac{nq}{qt}}=qt$)。

5. 第 59 页 § 25，要区分 $pF(p)$ 之为极大或极小，必须求助于 $pF(p)$ 的二阶导数，亦即 $F(p)+pF'(p)$ 的微系数，或：$2F'(p)+pF''(p)$。根据它的为负为正，可断定与 p 值对应的是极大还是极小。用第 58 页(1)中得到的 p 值 $-\dfrac{F(p)}{F'(p)}$ 代入这个二阶导数，加以变换。如此得到的不等式同乘以 $F'(p)$ 去掉分母，但因 $F'(p)$

是负的,故要改变不等号的方向。最后的结果就是§25中的第二个不等式。考虑这个结果可知,第一项必然是正的,第二项 $-F(p)F''(p)$ 如果 $F''(p)$ 是负的,就也成为正的了。

6. 第61页方程(1),给出 $p=\frac{F(p)}{-F'(p)}$ 两边乘以 $F(p)$,得 $pF(p)=\frac{[F(p)]^2}{-F'(p)}$。

7. 第62页方程(2),要使净收入 $pF(p)-\phi(D)$ 极大,它的微系数必须为零;亦即 $F(p)+pF'(p)-\frac{d\phi(D)}{dp}=0$。古诺的结果(2)也是一样的,他用 D 代替了 $F(p)$,$\frac{dD}{dp}$ 代替了 $F'(p)$,$\frac{d\phi(D)}{dD}\times\frac{dD}{dp}$ 代替了 $\frac{d\phi(D)}{dp}$。第65页的方程(3)则接近于本注的表达形式。

8. 第65—66页,设 $\psi(p)$ 用 $\psi(p)+u$ 代替,方程(3)即

$$F(p)+F'(p)[p-\psi(p)]=0 \qquad (3)$$

变成 $$F(p)+F'(p)[p-\psi(p)-u]=0 \qquad (3)'$$

若(3)的根是 p_0,(3)′的根称作 $p_0+\delta$,(3)可写成

$$F(p_0)+F'(p_0)[p_0-\psi(p_0)]=0,$$

而(3)′则写成 $F(p_0+\delta)+F'(p_0+\delta)[p_0+\delta-\psi(p_0+\delta)-u]=0$;根据泰勒定理 $F(p_0+\delta)=F(p_0)+\delta F'(p_0)+$[含有 δ 之二次及高次幂的项],方括弧中的项,在 δ 足够小和泰勒定理可应用的假设下,都可忽略。用这个值代替 $F(p_0+\delta)$,而且,同样地,用 $F'(p_0)+\delta F''(p_0)$ 代替 $F'(p_0+\delta)$,和用 $\psi(p_0)+\delta\psi'(p_0)$ 代替 $\psi(p_0+\delta)$,就得到(3)′的另一形式。由该式减去(3),结果为(4),这是已经略去仍含有二次增量如 δ^2,du 等项的(1)。这是一个古诺在本书中反

复运用过多次的过程，旨在导出微小的原因如 u 与其结果如 δ 之间的关系。我们在本注中作了推导，细心的读者宜在此一次就把握住。

9. 第 66 页，紧接在 § 34 前面的式子如下推导：由(3)得到 $p_0-\psi(p_0)$ 的值，即 $-\frac{F(p_0)}{F'(p_0)}$，代入前面的式子，再同乘以负的量 $F'(p_0)$，于是不等号改变方向。

10. 第 73 页，$p'-p_0$ 值的推导与第 65 页中方程(4)的完全一样。事实上，第 65 页的(4)和此处的方程，除去形式之外完全相同。此处的税金 i 取代了增加的成本 u；增加的价格 $p'-p_0$ 也与 δ 同样大小。由第 65 页的(4)求出 δ 值，用 $F'(p_0)$ 乘分子分母，由 § 38 的第一式 $F'(p_0)[p_0-\psi(p_0)]=-F(p_0)$，用右侧的 $-F(p_0)$ 代替分母中的 $F'(p_0)[p_0-\psi(p_0)]$，就可看清第 65 页的(4)与此处的全同。

11. 第 73 页最后一个公式，亦即损失为价格 p_0 时的净收入与价格 p' 时的净收入之差。后一净收入中已扣除了税金 $iF(p')$。

12. 第 74 页第 4 行，右侧的是上两行中函数的极大值，它必定大于右侧的同一函数的其他值。

13. 第 74 页第 11 行，这个不等式是将随后的两个不等式相加得到的。

14. 第 75 页第 9 行，见注释 3。

15. 第 76 页第一个方程，见注释 11。

16. 第 78 页，§ 42 第一段的最后一句。这里所说的第二个情况，始于第 79 页中“另一方面”这一段，而不是始于第 78 页中“其次”这一段，它不过是第一种情况中的一个细分。

17. 第82页倒8行，在方程(1)中令 $D_1=0$ 相当于提这样的问题：在什么条件下，生产者(1)认为使 $D_1=0$，亦即完全停止生产，是有利的？回答则是：在 $f(D_2)=0$ 的时候。由于 $D=D_1+D_2=D_2$，$f(D_2)$ 成为 $f(D)$ 或 p(见第80页末段)。所以 $p=0$。事实上，不言而喻，生产者(1)只有在他对手的产出量大得足以使价格为零时，才会停止生产。另一方面，在方程(2)中令 $D_1=0$，相当于提出问题：如果生产者(1)撤出这个领域，生产者(2)会做什么？回答是，他成了单一的垄断者，他会使 pD_2 极大化。要做到这一点，p 不能为零。亦即，在两种情况下 D_2 都代表总产出；但在第一种情况，这一产出大得足以使价格降为零，而在第二种情况则否。所以第一种情况中的 D_2 大于第二种情况中的 D_2。

18. 第83页，方程(3)得自前面一式，用 p 代替 $f(D)$，用 $\frac{dp}{dD}$(这与 $\frac{df(D)}{dD}$ 是一样的)代替 $f'(D)$，然后全除以 $\frac{dp}{dD}$。

19. 第84页§45，在此 x 代替了 p，y 则没有专门的经济意义。两根曲线的交点所以对应着方程(3)的根，是因为交点的 x 相等于满足(3)的 p 值。理由在于在交点处两根曲线的坐标相等，而且，由于一个的 y 等于 $2x$，而另一个的则等于 $-\frac{F(x)}{F'(x)}$，所以有 $2x=\frac{F(x)}{-F'(x)}$。由于这个方程显然与(3)有相同形式，满足这个式子的 x 就等于满足(3)的 p。

20. 第84页5—6行，在此，为了得到规定的结果，还没有完备地说清曲线必须满足的条件。还必须加上:$x=0$ 时(与 $x>0$ 时一样)函数值必为正。

21. 第 85 页,方程(5)不过是第 81 页上适用于两位生产者的方程(1)和(2),推广为有 n 位生产者的一般情况。

22. 第 85 页,方程(6)是使每位生产者的利润都达到极大的条件。利润不再由第 81 页第 3 行的表达式确定,而是该式减去 $\phi_1(D_1)$作为生产者(1)的,减去 $\phi_2(D_2)$作为生产者(2)的等等。每个生产者的利润表达式的微系数,就是方程(6)。

23. 第 85 页最末行,因为是需求规律的微系数,$\frac{dD}{dp}$是负的。意思是价格中的正的增量对应的是需求的负增量。

24. 第 86 页,方程(7)是用 $f'(D)$去除前面的方程,再用 p 替换 $f(D)$得到的。

25. 第 86 页倒 4 行—88 页,致力于一项困难的证明:从(8)得到的 p 大于从(7)得到的 p。方程(8)后面的第一句话,并不总能成立,不过这一点并不影响整个论述。

26. 第 87 页第 13 行,第 85 页上的方程(6)表明 D_1 是 D 的函数。但 D 又是 p 的一个函数。所以 D_1 是 p 的一个函数。古诺称该函数为 $\psi_1(p)$或 $\psi_1(x)$。同样,D_2 也是 p 的一个函数,并被称为 $\psi_2(p)$或 $\psi_2(x)$,等等。

27. 第 87 页,与注释 19 一样,若令(a)与(b)的右侧相等,就可求得交点的横坐标。但是,如此求得的方程与第 86 页中方程(7)全同,它的根当然也与方程(7)的根一样。

28. 第 88 页第 4 行,OP 是(b)中当 x 为零时的 y 值;亦即它

是负的方括弧或$-\sum\psi_n(x)$。同样,OP'是(b')中当x为零时的y值;亦即,$-\psi(x)$。由于$\sum\psi_n(x)>\psi(x)$,OP的绝对值大于OP'。

29. 第88页倒11行,§49前的最后一句。"停止生产"在此的意思是"停止扩充生产"而不是"关门歇业"。

30. 第89页,本页的第一个方程是第85页方程(6)中任意一个方程的形式,下标k代表1,2…任一个下标。只要在方程(6)中用p代替$f(D)$,用$\frac{dp}{dD}$代替$f'(D)$,并用$\frac{dp}{dD}$除全式,就可见到,方程(6)与眼前的新形式是全等的。

31. 第91页,本页第二个方程的推导过程与注释8中解释的完全一样。亦即将(3)写成$\Omega(p_0)=F(p_0)$,将(4)写成$\Omega(p_0+\delta-u)=F(p_0+\delta)$,将第二式按泰勒定理展开后,再减去第一式。

32. 第91页,如果还记得u规定为正,这里的两个不等式是显而易见的。

33. 第93页,方程(5)可推导如下:利润的表达式显然是$D_kp-\phi_k(D_k)-npD_k$;亦即利润等于毛收入减去生产成本再减去税金。极大的条件与平常一样,要求这个表达式的微系数为零。这个微系数显然是方程(5)的左侧再加$D_k\frac{dp}{dD_k}$,而这一项据下一注释,可以省略。不过,古诺心中的推导法显然是不同的。不然,他对$\frac{dp}{dD_k}$的解释会出现得早些。

34. 第93页倒2—1行,假设$\frac{dp}{dD_k}$是小的。就是说,从每个单位来说,假定增加产量对价格的影响是小的。这并非因为D_k是小的，虽然古诺似乎有这个意思。

35. 第 94 页，方程(6)的推导，借助于 $p(1-n)-\phi_k{}'(D_k)'=0$，* 正好像第 90 页中(3)的推导借助于 $p-\phi_k{}'(D_k)=0$ 一样。

36. 第 94 页，方程(7)中的积分，应该像下面的积分一样，用“0”表示下限。

37. 第 95 页，(9)后面的第一个方程也像平常一样，利用求极大条件求得。对第 95 页中的表达式(9)求导，记住积分的微系数是 $\phi_k{}'(D_k)$。

38. 第 97 页，在方程(1)和(2)中不应忘记 F' 不是 p_1 或 p_2 的微系数，而是关于 $(m_1p_1+m_2p_2)$ 的微系数；亦即(1)中的 $F'(m_1p_1+m_2p_2)$ 是 $\frac{dF(m_1p_1+m_2p_2)}{d(m_1p_1+m_2p_2)}$ 而不是 $\frac{dF(m_1p_1+m_2p_2)}{dp_1}$。为了从方程(1)上面的微分方程 $\frac{d(p_1D_1)}{dp_1}=0$ 导出方程(1)，先求微分方程左侧的导数，得 $\frac{d(p_1D_1)}{dp_1}=D_1+p_1\frac{dD_1}{dp_1}$，用 D_1 在第 101 页方程(b)中求得的值代替 D_1，并用 $\frac{dD_1}{dp_1}$ 的值

$$m_1\frac{dF(m_1p_1+m_2p_2)}{d(m_1p_1+m_2p_2)}\times\frac{d(m_1p_1+m_2p_2)}{dp_1}$$

代替 $\frac{dD_1}{dp_1}$。这两个微系数的第一个是 $F'(m_1p_1+m_2p_2)$。第二个可以求出，即将 p_2 看成常数，显然就是 m_1。经过这些代换并消去公有项 m_1，就得方程(1)。

39. 第 97 页，方程(1)是在给 p_2 假定一个值的前提下，确定能

* 原文错为 $p(1-n)-\phi_k{}'p(D_k)=0$。——译者

使生产者(1)的利润极大的 p_1 值。现在的问题是:p_2 的假定值若有变化,对 p_1 的值有何影响呢?亦即,在方程(1)中,p_2 的增量与 p_1 的增量之间是什么关系?简言之,$\frac{dp_1}{dp_2}$是什么?根据$\frac{dp_1}{dp_2}\gtrless 0$,就可断定 p_2 的增加是使 p_1 增加还是减少。求出$\frac{dp_1}{dp_2}$的规则是:先把 p_1 当作常数,求方程(1)左侧关于 p_2 的微系数,然后把 p_2 当作常数,求方程(1)左侧关于 p_1 的微系数,再用第二个去除第一个微系数,并在前面冠以负号。照此进行后可发现,关于 p_2 求导得到 $m_2F'(p)+m_1p_1m_2F''(p)$(根据方程(a),用 p 代替 $m_1p_1+m_2p_2$),而关于 p_1 求导又得到 $2m_1F'(p)+m_1^2\ p_1F''(p)$。用第二式去除第一式,前面添上负号,用此结果代替不等式$\frac{dp_1}{dp_2}\gtrless 0$ 中的

$\frac{dp_1}{dp_2}$。然后勾销因式$-\frac{m_2}{m_1}$,并且(因为这个因式是负的)改变不等号方向,于是有$\frac{F'(p)m_1p_1F''(p)}{2F'(p)+m_1p_1F''(p)}\lessgtr 0$。从方程(1)可求得 m_1p_1 的值为$-\frac{F(p)}{F'(p)}$,以之代入不等式并加以整理,就得到第 98 页的不等式。

40. 第 102 页,推导方程(e_1)和(e_2)的过程与注释 38 解释过的一样。

41. 第 102 页,$\frac{m_1}{m_2}=\frac{D_1}{D_2}$得自第 97 页的($b$)。

42. 第 102 页中间一段,如果 $\phi_1{}'(D_1)$是一个常数,它表示增产的每个单位,成本都相同。除此之外,古诺还策略地假定,当产

品消失，成本也消失，故 $\phi_1{}'(D)$ 是每个单位的成本，当然也是所有单位的平均成本。也就是说 $\phi_1{}'(D_1)=\frac{\phi(D_1)}{D_1}$。这可以解析地证明如下：已知 $\phi_1{}'(D_1)=$ 常数 $=k$，或 $\phi_1{}'(D_1)dD_1=kd\,D_1$ *。求积分，有 $\phi_1(D_1)=kD_1+C$。由于在 $D_1=0$ 时 $\phi(D_1)=0$，又有 $C=0$，故

$$\frac{\phi(D_1)}{D_1}=k=\phi_1{}'(D_1)。$$

应该看到，$\phi_1(0)=(0)$ 的假设并不总是真的。古诺在此似乎忽略了这一事实，虽然在另一段落中他明确地提到了（见第 64 页倒 4 行及随后）。

43. 第 102 页，将方程 (e_1) 和 (e_2) 相加并应用第 97 页的 (a) 就得到方程 (f)。接下来的两个方程如下求得：将第 97 页的方程 (a) $m_1p_1+m_2p_2=p$，与第 102 页由 (e_1) 和 (e_2) 求得的方程 $m_1p_1-m_2p_2=m_1\phi_1{}'(D_1)-m_2\phi_2{}'(D_2)$ **，相加或相减。

44. 第 103 页，方程 (f') 是第 62 页的方程(2)或第 65 页的方程(3)的另一形式；要记住，$\phi(D)$ 现在是 $\phi_1(D_1)+\phi_2(D_2)$，所以 $\frac{d[\phi(D)]}{dD}$ 是 $\phi_1{}'(D_1)\frac{dD_1}{dD}+\phi_2{}'(D_2)\frac{dD_2}{dD}$，而且要记住第 97 页的方程 (b) 表明，$\frac{dD_1}{dD}$ 和 $\frac{dD_2}{dD}$ 的值分别为 m_1 和 m_2。

45. 第 112 页，方程(1)与第 90 页的方程(3)是一样的。

46. 第 112 页，方程(2)说的是，国内供给加国外供给等于国内和国外的需求。

---

* 原文中两个 dD_1 都缺下标，疑印误。——译者

** 原文中误作 $m_1p_1-m_2p_2=\phi_1{}'(D_1)-\phi_2{}'(D_2)$。——译者

47. 第 113 页,为得出(4),将(2)写成

$\Omega_a(p_a+\delta)+\Omega_b\{p_b+(\delta+\varepsilon-\omega)\}=F_a(p_a+\delta)+F_b\{p_b+(\delta+\varepsilon-\omega)\}$

按泰勒定理展开,并减去第 112 页方程(1)的和。后面的公式也以相同方式导出。

48. 第 114 页 § 70,第一个方程不过是第 112 页中的(2)略去“撇”号。

49. 第 115 页 § 70 中第二个公式把 u 当成 ε 的附加值,而把 δ 当成 p 发生的增量。第二式不过是将第一式的 ε 改为 $\varepsilon+u$ 和 p 改为 $p+\delta$。

50. 第 115 页,正像已经说过的,(6)不正确。如果先行的方程按泰勒定理展开,并从展开式减去倒数第二个方程,得到

$\delta\Omega'_a(p)+(\delta+u)+\Omega'_b(p)=\delta F'_a(p)+(\delta+u)F'_b(p)$,对此关于 δ 求解,应得方程(b)的第一式,但前置的因式不再是($\varepsilon+u$)而只是 u。第二个方程的正确形式应该是在刚求到的方程上加 u。这一订正过的方程与古诺列出的不同之处,是在分子中去掉了第二项——$\varepsilon[\cdots]$。

古诺在推导(6)时之所以犯这个严重的错误,显然是因为在应用泰勒定理时,出于习惯自动省略每个展开式中的第一项,而不是按正规步骤减去前一方程。亦即,古诺不是从第二个方程的展开式减去 § 70 的第一个方程,而是减去了并非为真的方程 $\Omega_a(p)+\Omega_b(p)=F_a(p)+F_b(p)$。

51. 第 115 页,“1”现在应改为“……绝对值小于 u;这是说征税总会使商品在出口市场上跌价,数值总小于税金”。这一不等式

的理由是(6)的第一个方程中右边的分式是个真分数，因为分母除去含有分子所有的项之外，还含有其他正的项。“2”现在应改为“$\delta+u$总为正而且小于 u”。这个结论蕴涵于(6)中第二个方程的订正形式。

52. 第 115 页末段。考虑两种情况并无必要。不论哪种情况，δ 是正数，数量小于 u。因此商品在出口市场上必定会上升，而 $\delta+u$ 为负数时，在进口市场上必定下降。δ 与 ε 毫无关系。

53. 第 117 页，即使 ε 不是像 δ 和 u 那样小的量，方程(7)仍然为真。如果 ε 是小的，它在(7)中出现就是多余的。在从先行的公式导出(7)时，古诺显然令 $\Omega_b(p+\delta+\varepsilon-u)$ 等于 $\Omega_b(p+\varepsilon)+(\delta-u)\Omega_b'(p+\varepsilon)$(应用泰勒定理时，将 $\delta-u$ 看成是 $p+\varepsilon$ 的增量)；而如果 ε 是小的，他就可以令 $\Omega_b(p+\delta+\varepsilon-u)$ 等于 $\Omega_b(p)+(\delta+\varepsilon-u)\Omega_b'(p)$(这里是把 $\delta+\varepsilon-u$ 看成是 p 的增量)。这一说明将有助使古诺的结果与读者试图遵循着古诺的推导方法而可能得到的结果相调和。

序

近百年来吸引了如许才华横溢思想家的政治经济学，时下流传得更广了。它与政治本身一起受到大型报刊的注目，而报刊则已是信息传播的最重要的工具。不过，公众对各种理论和体系已经十分厌烦，需要的倒是所谓“实证性”的事物，在政治经济学的范围内指的就是海关税制、统计文献、政府报告等，以便借光于经验，说明那些引起全国激烈争论、吸引各个阶级密切关注的各种重要问题。

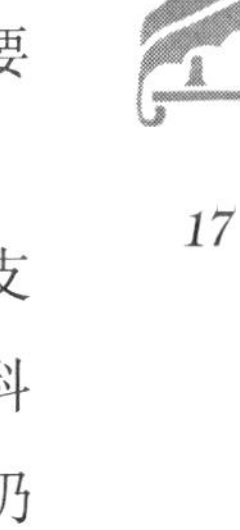

对此倾向我并无异议，这是件好事，而且也符合一切科学分支发展的规律。我只想指出，不应将理论混同于体系。虽然，一切科学在萌芽时期，体系的本能冲动必然试图提出理论的纲要。我仍要加上一句，在一门科学的发展中，理论总应该拥有一份哪怕是很小的地位；特别是像我这样一种职业的人，较诸任何其他人，更应绝对地从理论的立场去考虑这样一个拥有许多不同侧面，引起广泛兴趣的课题。

但是，本书的书名却表明，我不仅要进行理论性研究，而且还要对之应用数学分析的形式及符号。我承认，这样的计划，从一开始就自处于招致许多有名望的理论家斥责的地位。他们在反对使用数学形式上是协同一致的，而想在今天去克服这种为斯密

(Smith)及其他更时兴的作者所强化了的偏见，无疑是困难的。造成这种偏见的原因，一方面是那些已经想到应用数学方法的少数人，对待理论的观点不正确，另一方面则是某些人对政治经济学的其他方面固然明辨而擅于言词，但因不熟悉数学科学而对这种分析方法持有错误的看法。

这方面的尝试还鲜为人知，连我也只听说过几本书名，只有一本例外，那就是公元 1801 年〔法兰西共和国十年〕出版，得到法兰西研究院褒奖的康纳尔(Canard)著的小册子《政治经济学原理》。这些杜撰的原理如此的乖离正道，而应用又错误百出，以致纵有著名机构的赞誉，仍不能不使这本书湮没无闻。这就不难理解，为什么这种性质的论著不可能使萨伊(Say)和李嘉图(Ricardo)这样的政治经济学家喜爱代数学了。

前面提到，大多数致力于政治经济学的作者，对于在财富理论上应用数学分析也有偏见。他们认为，利用符号与公式只能进行数值计算，又因为大家都公认，政治经济学这门学科不适宜于仅仅用理论就确定各种数值，于是他们就得出结论说，数学工具即使不是必然导致荒谬的差错，至少也是迂腐无用的。但是真正娴于数学分析的人都知道，数学的用处并非单纯是计算出数值结果，它还可以用来发现不能用数字表达的量之间的关系，以及不能用代数表达式来说明其形式的函数之间的关系。例如，尽管不借助于经验就不可能给出偶然事件的数字值(这在纯粹出于好奇的、单凭运气定胜负的博弈问题是例外)，概率论仍可为极重要的命题提供证明。同样，尽管理论力学几乎在一切场合，都要求助于经验，以取得实践中需要的数值结果，它仍然为实践中的力学，提供了极有应用价值的普遍性定理。

当讨论的是量之间的关系时，运用数学符号是完全自然的；而且即使它们不是绝对必需，如果它们使问题便于说明，使说明更加简明扼要；如果它们开辟了通向更广阔发展的道路，还避免了离题千里的空泛议论，那么，仅仅因为有时被人用错，或因为并非所有读者都同样熟悉，就加以摒弃，也没有道理。

确有像斯密和萨伊那样的作者，在政治经济学著作中保持了纯文学的优美风格；但也有像李嘉图那样的作者，他们在处理极其抽象的问题或为了寻求高度的精确性时，实际上已经不能回避代数学了，却仍然要用冗长的算术计算的外衣作伪装。任何一个懂得代数记法的人，一眼就可读出方程的结果，若通过算术方法去获得同样结果，只能是花费更多的精力。

我打算在本书中表明，为解决财富理论所提出的普遍问题，主要依靠的并非初等代数学，而是由任意函数构成的解析学分支，——所谓任意函数是只要满足某些条件限制的函数。由于需要考虑的条件非常简单，具有微积分基本知识的人，就足以理解本书了。还有，我虽然担心这些方法对于爱好本书课题的大多数人，过于深奥，却丝毫也不敢奢望，它们会值得专业数学工作者的注意，除非他们能从中发现更值得发挥其能力的问题的胚芽。

但是，特别是在法国，也还有一大群受过良好数学训练的人，由于一个著名学派的倡导推动，已将注意力转向对社会特别有益的那些科学的应用。社会财富的理论必然会引起他们的注意；而在深思之后，他们肯定也会像我一样，感到有必要把那些在使用常规语言的作者笔下，表达得不确定而又晦涩难懂的分析，用自己熟悉的符号加以确定化。考虑到他们会在省察之余被引导上这条路,我希望这本书会对他们有用,并能减少他们摸索的辛劳。

在关于竞争的第一个概念及关于生产者之间相互关系的说明中,他们会注意到,若不参照建议中的应用,某些关系从纯抽象的立场看来是十分奇特的。

我并没有写一本面面俱到、自充教条的政治经济学著作的打算;无法应用数学分析的问题,以及在我看来已经十分清楚的问题,本书均未涉及。我还假定,本书只进入这样的读者手中,他们从常规著作中已经熟悉了有关的课题。

本书既不支持任何体系,也不加入任何派别;我相信,从理论到政府应用之间,还有很长一段距离;我还相信,绝不会因为与热情的对立双方脱离接触,理论就贬损其价值。我更相信,假如说本书还有实用价值的话,主要的价值是使我们清楚地认识到,距离全面了解情况,并且解决那些每天都在大着胆子作出决断的大量问题,还多么遥远。

第一章　论交换价值或一般财富

1. 已经为所有拉丁系语言采用的条顿字根 *Rik* 或 *Reich*，大致上表示一种优越的、有力量的或有权力的关系。西班牙仍然用 *los ticos hombres* 称呼贵族和著名人物，在德·儒安维尔的法文中，*riches hommes* 也有这个意思。今天人们所理解的财富(*wealth*)，具有我们的文化状态赋予的意义，绝不是过去条顿血统的人——无论是征服者威廉时代的，或是很久以后封建法律全盛时代的——所能把握的。财产、权势、主仆主奴区别以及贫穷、权利与特权，即使在最野蛮的部落里也可以发现，而且似乎都源出主宰着人与家庭聚合体的自然法则。但是，由当代先进文化中抽取出来，而且必然会产生一种理论的财富概念，却只能作为商业诸关系进步的结果以及商业诸关系对各种民事制度逐步产生影响的结果，而缓慢地发展起来的。

牧羊人拥有广袤的草原，侵扰他的任何人都会受到惩罚；但假若他想以此来换取想要的某种东西，却只能是徒劳妄想；在他那现成的习惯与风俗里，不存在进行这种交换的可能性。因之，这个人虽然掌管了大片土地，却并不是富有的。

这个牧羊人还拥有大群牛羊和牛奶；他养得起大批仆从和奴隶；他也可以对贫穷的依附者表示慷慨大度；但是他既不能把产品

积蓄起来,也无法去交换当时根本不存在的奢侈品。因之,虽然这个人拥有权力和权威,还享有他的地位赋予的享受,但他却没有财富。

2. 很难想象人们长期生活在一起,而不发生物品与服务的交换;但要从这类自然的甚至可说是本能的活动,发展到形成抽象的交换价值概念,却还有相当大的距离。所谓交换价值是假定被赋予价值的某一事物是存在于商业流通之中的;这就是说,人们经常可以用它来交换其他具有相同价值的东西。因之,为商业关系和民事制度所认可的、在交换中赋有价值的那些事物,用今天的话来说,也就是被称为财富的东西。为了形成能为人理解的理论,我们应该使财富一词的含义与交换价值一词所含有的意义完全相同。

这样理解的财富只是一个抽象的存在,自无疑问;因为严格说来,在被我们规定了一种价格或赋予了一个交换价值的所有事物中,没有一样是总可以如愿以偿地与其他同样价格或价值的商品交换的。要实现交换行为,也像力学中机械能的转换一样,总需要克服摩擦,总会有损耗,还会有不可逾越的极限。一片大森林的业主,只有在十分谨慎地经营其木材,并且不使他的木材过度充斥于市场的情况下,才能说是富有的。收藏着价值连城之绘画的人,有可能终其一生都在徒劳地寻找一位买主。而另一方面,在城市的接邻地区,只要花点时间把粮食运进市场,就可以换到现钱;在大的商业中心,手里有咖啡存货的人,随时都可以在交易所里把它卖掉。

商业范围的扩张和商业设施的发展,逐渐使交易事务的实际状况,越来越向上述抽象概念所要求的理想状况靠拢;而只有以抽象概念为基础，才能进行理论性的进展。力学中也有相仿的情况，技艺高超的工程师，正通过光滑的轴承和精密的齿轮，消除摩擦以趋近于理论的条件。所谓各国在商业(commercial)或重商(mercantile)制度方面取得进展，说的正是这个意思。商业与重商这两个字眼，从语源学的意义上原是相当的，但在今日却是褒贬有别，这也不足为奇，因为按照边沁(Bentnam)的说法，事物的名称总包含着伦理道德上善与恶两方面的含义。

在这里我们不准备讨论善与恶的问题。各国在商业制度方面的进展已是一个事实，面对事实再去讨论它是否合乎需要，只能是徒劳。需要做的，是观察那个不可抗拒的自然规律，而不是对它评头论足。无论什么东西，只要人能加以测量、计算和制度化，就无例外地最终会成为测量、计算和制度化的对象。而只要固定的关系能代替不确定的，这样的取代，也终将发生。各种科学以及人事方面的一切制度，正是这样组织起来的。从远古时代沿革迄今的硬币，对商业组织的发展大有裨益，正像玻璃制造工艺，对天文学和物理学中的许多发现大有帮助一样。不过，商业组织却不是非使用制作钱币的金属不可的；只要有利于交换，只要能固定交换中的价值，什么手段都是可用的。现在已经有理由使我们认为，随着商业组织的进一步发展，用作货币的金属的重要性，还将逐步减弱。

3. 财富或交换价值的抽象概念是一个具有规定意义，因而也易于在与其他概念的组合中，严格地对待的概念。这样的概念必须与日常用语中财富一词常常伴有的效用、物以稀为贵、正合需要、满足人们的享受等概念区分开来。这些用语，含义闪烁多变，具有不确定性,因而不适宜于成为科学理论基石。经济学家之所以划分为学派,实际工作者与理论家之间之所以争吵不休,在相当大程度上就因为日常用语中财富一词的涵义含糊不清,以及由于衡量事物效用没有固定标准,在因人而异的效用概念和含义固定确切的交换价值概念之间,存在着的混乱局面。[1]

据说一位出版商,有一批受人赏识的、相当有用但又卖不完的存书。因为现有的数量对有意购买它的读者来说是太多了,他竟决定将存货销毁三分之二,以期从剩下的部分获取比全部印数更大的利润。[2]

毫无疑问,会有这样一种书,以每本 60 法郎的价格销售 1000 本,要比以每本 20 法郎的价格卖掉 3000 本容易得多。正是出于这样的计算,荷兰公司销毁了它所垄断的桑得(Sound)岛出产的部分香料。在此,确实可以说是彻底地破坏了可以称之为财富的实物。因为被销毁的是大家都在寻求而且不可多得的事物。这也确实是一种令人痛心的自私行径,明显地危害了社会利益。但同样不可否认的是,这种利欲熏心的行径,彻头彻尾的破坏,却创造了财富——商业意义上的财富。出版商销毁后剩下的存书,使他的资产有了更大的价值。在这些书或者整批地、或者一份份地脱手后,只要每个人仍以商业的眼光看待自己手中的货物,无论是归总在一起,还是编制一份在流通中财富的"资产负债表",都会从这

① 这并不是说各种关于事物效用的意见,无是非可言。我们的意思是说,这类是非一般不能证实;它们是评价性质的问题,既不能用计算又无法用逻辑推理来解决。

② 我是从一位值得尊敬的测绘员处听说这件事的。他说青年时期最令他痛心的是出版商杜邦(Dupont),就曾这样对待一部关于古老科学院回忆录的文集。

些财富项的和数中发现价值的增加。

反之，假设某种稀罕的书只剩下了50本，奇货可居使每一册的拍卖价高达300法郎。某个出版商添印了1000册，每册售价5法郎，致使其他几册的价格，也从极端稀缺造成的过高价格，下跌为同样的价格。这1050册书在账面上只能构成价值5250法郎的财富，由此造成的财富总值的损失则为9750法郎；假如（而且也确实应该），把重印该书时耗用掉的原材料考虑进去，财富的减少量甚至更大。此处所发生的工业运作或者说物质生产，对进行生产的出版商，对受雇的员工，甚至对社会公众（只要书里确实含有有用的信息），都是有益的活动，但从财富一词的抽象及商业的意义上说，它又无可否认的是财富的真正的破坏。

交换的旺衰升降，显示了价值——也就是流通中的抽象的财富——的永恒的动荡；而并不干扰客观事物——也就是通常在具体意义上所说的财富——的实际的生产或破坏。

人们早就正确地注意到，通常所说的商业，亦即将原材料或制成品从一个市场运至另一个市场的商业，通过增加所运事物的货币值，也创造价值或财富，一如从地底下开采矿物的工人和将之制作为各种用具的匠师。应该添一句，而且要加以发挥的是：商业还可能导致价值的破坏，哪怕与此同时给从事这一活动的商人带来了盈利，哪怕在每个人的眼里，它给从事某项商业交易的相关国家都带来了利益。

一种风尚、兴之所至的怪念头或偶发事件，可能在对大家公认的公用事业或福利事业不发生重大影响的情况下，创造或毁坏价值；有时甚至会发生这样的事，破坏财富是做了好事，增加财富反而是有害的。假如化学家真的解决了钻石的人工合成问题，珠宝商和珍藏着珠宝的贵妇人，就会蒙受巨大损失，进入流通的财富的量也会显著减少。但是，任何正常的人都不会将之看成是公众的灾难，尽管他可能对蒙受的损失深表同情。反之，如果人们对钻石的热情降了温，如果有钱人再也不愿将相当一部分资财，投放于这种无用的奢侈品，而且作为结果，如果钻石在商业中的价值下跌，又有哪一个聪明人不为这样的风尚变化感到高兴呢！

4. 对一个国家有益的改进其大多数居民之生活条件（还能用其他的作为估计效用的基础吗？）的任何大事件，都有一个减少流通中财富总量的直接后果。对这样的事情，人们倾向于假设，从长远讲，它蕴含着最终会增加一般财富的萌芽，它也因此而变成对这个国家有利的了。经验毫不含糊地表明，极大多数情况确系如此，因为，一般而言，人民生活条件的无可争辩的改进，总是同流通中财富总量的无可争辩的增长同步的。但是，因为不可能用解析的方法，探究如此复杂关系的全部后果，理论未能解答为什么事情常常如此，更不能论证它必将继续如此。在此要防止把一丝不苟的推理与多少有点自得其乐的猜测相混淆；不要把理性的与经验的相混淆。对前者来说，不犯逻辑上的错误就够了，对猜测与经验来说，就要防止感情激荡的辩术和不能解释的疑团。

5. 仅从语义学的观点，凡是涉及社会之组织结构的问题，都属于政治经济学的领域；但在习惯上，政治经济学指的范围，虽然同样不精确，却要狭窄得多。政治经济学家主要关心的是人类的物质需要，因之只考虑社会制度对劳动、繁荣、商业和人口是有利还是干扰；只考虑社会制度如何影响到大自然的恩赐和劳动果实在社会成员之间的次级分配。

这一课题涵盖的范围，仍然广泛得不可能由任何一个个人恰如其分地掌握。它为尚未成熟的制度和缓慢进行的研究，提供着无穷无尽的研究素材。对于在所有这些问题中都存在，而且完全无法测量的道德影响，我们如何加以抽象呢？单就所谓的物质福利而论，在阿尔卑斯山牧羊人与西班牙懒汉或曼彻斯特的工人之间，在修道院发放的救济款与苦工领得的低工资之间，在农庄苦力与工场劳工之间，在一位挪威贵族在其封建庄园里的享乐和开支与他的后代子孙在伦敦住宅里或漫游欧洲大陆时的享乐和开支之间，该怎样进行比较呢？

如果要在两个国家之间进行比较，对它们国运的兴衰又是否有不易的标准？能用人口的多寡作依据吗？这样的话，中国就会远远凌驾于欧洲之上。按照钱币的充盈或短缺吗？西班牙那位秘鲁矿藏女主人的例子，已经在很久以前就让全世界懂得不该再犯这种大错了；事实上，人们之懂得这一点，还早在钱币之作用的第一个粗略观念出现之前。根据商业活动？那么，与滨海立国因而易于走向商业贸易的国家相比，内陆国家的人民就太不幸了。物品与工资的价格高低又如何？这会使某个贫瘠的岛国优越于物产丰饶、得天独厚的国家。经济学家称之为年产值的货币值行不行？这个数值增加得很多的年份很容易成为极大多数人陷入大灾难的年份。将这一年产值按每一种物品的适当单位计算其实际的量？然而每个国家生产的物品种类及其相对比例又各不相同，又怎能比较呢！根据人口或年产值升降运动的比率？假若这样的计算覆盖了相当长的时期，由它反映的社会福利或苦难的征候，倒确实是最少歧义的;但除去使人认识到已经形成的事实之外,这一征候又有什么用?而且,造成这些事实的,不仅有正常意义下的经济原因,而且同时有多方面道德因素的介入。

我们丝毫也没有贬低那些出于善良愿望,旨在阐明社会经济的努力。心理现象还不能像行星运动那样精确计算,但不能因此就不承认医学是科学,否则,他就是偏执。政治经济学是社会制度的卫生学与病理学。它以经验甚至观察结果作为指南,但又承认,有时杰出人物的远见卓识又甚至可能预先猜测到经验的结果。我们的用意只在于说清楚,政治经济学改进人类生活的崇高目的,之所以不能通过理论的进展来达到,其原因或者是因为它所处理的关系不能简化为固定的条款,或者是因为这些关系的复杂性超出了我们加以综合及分析的能力。

6. 另一方面,因为照我们看来,抽象的财富概念构成了一种完全确定的关系,它就像所有精确的概念一样,可成为理论推演的对象。而且,如果这些推演的结果够多,在重要性上似乎也值得汇集成为一个体系,则让它成为体系也有好处,至于对政治经济学中最终与财富理论有关联分支的应用,虽然看来恰当,却要除外。把可以接受抽象论证的和只容许提出可疑意见的加以区别,是十分必要的。

如果我们试图提出的财富理论所依据的抽象的财富观念或交换价值概念,和现实社会中构成财富的实际事物,完全不相符合,这个财富理论就只能是无用的空想。这也正和流体力学的情况一样:如果普通液体的属性,与完全流动性的假设没有共同之处,那么,流体力学就站不住脚了。不过,也像我们已经说过的那样,人类文明进步的影响，总倾向于将实际的、变动的关系，越来越近地向抽象的思考所企求达到的绝对关系靠拢。在此情况下，每样东西的价值变得越来越易于规定，因而也越来越易于测量。寻找市场的步骤转化为经纪业务，时间的损失转化为利率和贴现，风险损失的可能转化为保险费，等等。社会群居倾向的进步，与之有关的组织制度的进步，以及我们民事制度方面已经发生的变更，全都协同一致地促成这种变化。对之，既无需我们抱憾，也不容我们褒贬，而理论之应用于社会现实，却是以此为基础的。

第二章　论价值的绝对变化与相对变化

7. 每当我们追本寻源地探究任何一门科学奉为基石的基本概念，并准备加以准确系统地阐述时，几乎总会遇到困难。有的是这些概念本身的性质造成的，更多的则是因为语言的不完善而引起的。例如，在经济学家的著作中，价值的定义，绝对价值与相对价值的区别，都讲得相当含糊。用一个很简单但非常确切的比较，就可说明这一点。

如果一个物体相对于其他被认为固定的物体的位置发生了变化，我们就设想，这个物体移动了。如果我们在两个不同的时间观察质点的一个系统，发现这些点的位置，先后并不相同，我们一定会作出结论说，纵使不是全部，至少有一部分点已经动过了。但假如除此之外，我们不能找出一个确信为固定不动的点作参照，就不可能对系统内每一个点的动与未动作出任何结论。

不过，如果系统中的所有点，除去一个之外都保留了原来的相对位置，我们就会认为极有可能只有那一个点是移动过的，除非所有其他点之间的联系已经到了移一点而动全体的程度。

上面提到的除去一个点之外所有其他点都保持相对位置的情况，是个极端的例子；但不需要细说也易于理解，对于系统内状态变化的说明,可以有不同的方式,有的简单、有的复杂。通常我们总会毫不迟疑地把其中最简单的方式,看成是最可能发生的方式。

假如观察的次数不限于两次,而是一直跟踪观察连续的系统状态,就有可能对系统中不同点的绝对运动提出假设,这种绝对运动被认为有利于解释各个点的相对运动。所以,无需参照天体的相对大小及万有引力的知识,用哥白尼(Copenicus)的假设来说明行星系统的视运行,较诸托勒密(Ptolemy)或泰柯(Tycho)的说明,要简单得多而且更能令人信服。

在上一节,我们还只从几何关系、位置变化的角度考虑运动,丝毫没有提到原因、动力的思想或驾驭物质运动之定律的知识。而从这个新的观点出发,就应考虑到其他可能因素。例如,如果物体 A 的质量要比物体 B 的大许多,我们就会判断说,物体 A 与 B 相对位置的改变,更可能是因为物体 B 而不是物体 A 的位移。

最后,根据某些环境条件,也可断定相对的或视觉的运动,来自这一个而非另一个物体的位移。[①] 例如,一只动物的外貌,会以准确无误的信号表明,它将站定不动还是准备扑击。再如,回到前面那个例子,"摆"的实验结合力学中的已知定律,可以证明地球的周日运动;光行差现象可以证明地球的年运动;而哥白尼的假设就能跻身于被确认的真理之林。

8. 由"可交换的价值"这一概念引起的某些思考,与上述分析可以说是完全类似的。对此可以作进一步考察。

正好像要确定某个点的位置必须参照另一个点的位置一样,

① 见牛顿《原理》第一卷中紧接初步定义的部分。

要确定某一商品[①]的价值，也必须参照另一种商品的价值。在此意义下，价值只是相对的价值。但当这些相对价值变化时，我们很容易看出，变化的原因或者是相关的某一方有变化，或者双方都有变化；正好像假如两点间的距离变了，变化的原因总不外乎这个或那个点的位移。再如，在提琴的两根弦之间应有一个确定的音程，当过了一段时间之后，这两弦之间不再是这一音程了，其原因不是一根弦调高或另一根弦变低，就是两根弦都移动了。

所以，我们能容易地区分价值的相对变化与绝对变化，前者显示为相对价值的变化而后者则是指，在由于商业行为而建立了联系的多种商品中，这个或那个商品的价值的变化。

正如对造成点系统内相对运动的绝对运动，可以作出无数个假设一样，对导致商品系统内价值相对变化的绝对变化，也可以作出数不清的假设。

不过，如果除去一个之外，其他商品都保持了同样的相对价值，我们就会考虑，最为可能的当是这一单个商品的价值起了绝对变化；除非所有其他商品之间明确存在着一种联系：一种商品的价值的变化，不可避免地要引起一切依靠于它的商品的价值的成比例的变化。

譬如说有一位观察员，在检查了连续几个世纪的价值统计表之后发现，到 16 世纪末，货币的价值下降了五分之四，而其他商品

① 几乎无需说明，商品一词为了简练起见是指最广义的商品，也就是说，它也包括了提供含有价值的服务，这种服务既可换取其他服务，也可以换取一般商品，而且它也像这类商品一样，有确定的价格或交换价值。因为易于从上下文看出，以后将不再重复这一说明。

的相对价值却基本不变。即使他忽略了在美洲发现了矿藏这件事，他仍然极有可能考虑到，货币的价值发生了某种绝对变化。另一方面，假如他发现大多数其他物品的价格或其相对价值并无变化，但是当年小麦的价格却比上年涨了一倍，即使他不知道涨价那年小麦遭灾，他仍然可能将之归因于小麦的绝对价值发生了变化。

即使不考虑这样的极端的事例——即以单个商品的价值变化来说明相对价值系统的全面波动——仍然可以明显地看到，在所有关于价值绝对变动的种种假设中，肯定有某些假设，对价值的相对变化的说明，更为简明和更接近于实际。

如果对相对价值系统的观察不限于两个不同的时刻，而是从头到尾地观察介乎其间的诸状态，那就能得到一组新的数据，据之可以在解释所观察到的相对变化规律的所有可能性中，确定最为可能的绝对变化的规律。

9. 令

$$p_1, p_2, p_3, \text{等}$$

分别为以 1 克白银作单位的各个物品的价值。如果用 10 公斤小麦代替 1 克白银作为价值的标准，同样物品的价值将变为

$$\frac{1}{a}p_1, \frac{1}{a}p_2, \frac{1}{a}p_3, \text{等},$$

其中 a 是 10 公斤小麦的白银克数，亦即以 1 克白银为价值单位时，10 公斤小麦的价值。一般地说，如果要改变价值的标准，只要用某个大于或小于 1 的数去乘原来的数字值就行了。这与位在一条直线上的点系统的情况完全一样。只要知道这些点到其中任一点的距离，就可以通过加上一个正或负的常数的办法，得出这些点

以其中另一个点作原点时到新原点的距离。

据此，用非常简单的方法，可以数学表示物品的相对价值系统内发生的变化。设想在直线上有一个由点组成的系统，点的个数与对比中的物品数相等。从一个点到所有其他点的距离为一方，各物品以其中之一作为价值标准测得的数值为另一方，前者的诸距离与后者诸数值的对数形成常数比。这一可移动点的系统内的相对运动或绝对运动，反映为用加法或减法表示的距离的变化，这种变化与对比的物品价值系统内，用乘法或除法来表示的变化，两者是完全对应的。由此得出，若通过计算可以在一个点系统内确定最为可能之绝对运动的假设，只要进一步求反对数，用同一方法，也完全可以在价值系统内，确定最为可能之绝对变动的假设。

但是，一般而言，因为这种着眼于可能性的计算，会使我们完全无视价值变动的原因，它并不引人注意。真正重要的是要了解主宰着价值变动的规律，或者说要了解财富的理论。只需依靠这样的理论，就可证明，所观察到的相对变动该归因于什么样的绝对变动。这也类似于(假如容许将最确切的科学，与还处于萌芽状态的科学相比较的话)，只需依靠由伽利略(Galileo)发端至牛顿集大成的，关于运动定律的理论，就可证明太阳系中的由视觉观察到的相对运动，归因于什么样的真实而且绝对的运动。

10. 总之，存在的只是相对的价值；若还要寻求其他的，就会与**交换价值**的概念相矛盾，因为**交换价值**必然蕴涵着两个项之比率的概念。而且这个比值的任何完成了的变化，也是一种相对效应，是可以而且应该用比率中的项的绝对变化来解释的。并不存在任何的绝对的价值，存在的只是价值的绝对的涨落运动。

相对变化可以是各种各样绝对变化的后果，而关于绝对变化的各种可能的假设中，总存在着可以按概率论的一般定律加以认定的，最有可能的一种。只有当你对讨论中的事物的特殊规律有了充分了解之后，才能以可靠的决断取代基于概率的意见。

11. 如果理论真的指出有一种东西的价值不可能发生绝对的变动，而且所有其他物品都可以据之定价，那就有可能立即从它们的相对变动推导出它们的绝对变动。但是，稍加注意就足以证明，并不存在其价值固定不变的东西。尽管有些物品似乎比其他物品更接近于形成这种东西的必要条件。

铸币金属就是这样的物品之一。在正常的环境里，如果考察的周期不是太长的话，可以观察到它们的价值只有微小的绝对变动。若非如此，所有的交易就会像使用的纸币突然贬值那样，完全陷于混乱。①

诸如小麦这类作为食品供应基础的物品，则是另一种情况，它们常有剧烈的起伏波动；但如果考察一个足够长的周期，这些波动又都能自行平衡，它们的平均值趋于固定不变条件的程度，甚至要超过贵金属。这样的情形，既不能使如此确定的价值不起伏变化，也不能阻止它在更长的周期内发生绝对的变动。这里也跟天文学中一样，有必要承认独立于周期性变化的长期性变动。

再以最低等级劳动的工资为例。这种劳动被人当成是一种机械因素，作为确定价值的标准。但即使是这种工资，也像小麦一样

① 作为销售合同的本质特征，它区别于易货合同的特点，是贵金属的绝对价值至少在正常商业交易覆盖的时间阶段内稳定不变。货币手段的绝对价值有显而易见的变化的国家，确切地说，是谈不上销售合同的。这一区别会影响到某些法律问题。

经受着周期性的摆动和长期的变动。假如说这种工资的周期性变化范围一直比小麦的小,社会状况的进步变化却令人有理由认为,它在未来会有更快速的长期变动。

但是,尽管现存事物中,没有一种具备完全稳定不变性所要求的必要条件,我们却能也应该想象出一个来,它当然只会是一种抽象的存在。[①] 它用作为参照比较的辅助工具,便利于形成理论概念,在最终应用时将消失不见。

在天文学里也有类似的情况。天文学家假想出一个进行均匀运动的"平太阳"(mean sun),然后让其他天体连同真的太阳,都参照这颗想象的星球,以最后确定其他天体相对于真实太阳的位置。

12. 一种似乎可能的办法,是先研究引起货币金属价值发生绝对变化的原因,在查明原因之后,把其他物品价值中发生的变动,都还原为货币金属的修正值。于是这个修正的货币,就相当于天文学中的平太阳了。

但是,一方面,财富理论中最微妙的一点,也正是用作流通工具的货币金属之价值变动的原因分析;另一方面,像前面说过的那样,有理由承认,货币金属的价值一般看不到什么明显的变化,除非是比较两个截然不同的时期,或者出现了目前极小可能的猝发性革命事件,例如发明了新的冶炼技术或发现了新的矿点。当然,币值不断下跌,已经是老生常谈,而且货币贬值已经迅速到了在一个世代内就明显地觉察到的程度。但如果用本章介绍的方法去寻

① 孟德斯鸠(Montesquieu)《法意》第22卷第八章。

求这一现象的原因，却易于看出，这种相对变化，主要归因于满足人类需要与享乐的大多数物品价格的绝对向上运动，归因于人口增加，以及工业和劳工的进步性发展所产生的上升运动。从极大多数现代经济学家的著作中，都可以找到对这种论点的充分的说明。

最后，由于眼下还缺乏数值应用的可能性，最好还是把对货币金属价值产生影响的绝对变动忽略不计。如果这一理论真的开发得相当充分，而且数据也有足够的精度，则将一件物品的价值，先用虚构而且不变的模数表达，再将之转换为货币表达，也不是难事。假如一件物品用虚构的模数表达是 p，而此时货币金属的模数表达是 π；再假如在另一时间这些量分别变为 p' 和 π'，则该物品的货币值显然经历了从这一比率向那一比率的转换，即由

$$\frac{p}{\pi} \text{ 变为 } \frac{p'}{\pi'}。$$

如果货币金属的绝对价值在长时期内只发生了很缓慢的变化，这种变化在整个商界还难以觉察，则这些金属的相对价值，在各个商业中心之间，也只会有微小的变化，这种变化就构成所谓的**交换率**。这一交换率的数学公式很简单，我们将在下一章加以说明。

第三章　论交换

13. 总有一天，全世界进入文明社会的人都将承认，深受度量统一之惠。法国大革命造福于未来世代的一个内容，是它给这项伟大的社会改革开了头。尽管有民族的和政治的偏见，这个先例仍不乏模仿者。

货币系统，常常因政府的自私和拙劣的信条而混乱不堪，所以量度的统一与稳定，对货币制度就显得格外重要。再者，货币制度本身原是相当简单的事物，但在一个极长的时期内，几乎在所有人民中，都处于十分混乱的状态；不过，当前欧洲各国的社会状况，已使货币制度不可能再回复往昔的混乱无序了。关于这一话题已经是大家都熟知的，不在此作多余的重复论述。

现假设所有商业化了的人民，都已采用相同的货币单位，例如一克白银，或者与一克白银的比率有永久性规定的某种货币单位——这两者的性质其实是相同的。关于这些比率的知识，构成了商业从业人员称之为交换科学的大部分内容。这种科学可归纳为一张到处都找得到的表格，我们无需为它劳神。换言之，我们关心的并不是名义上的交换，而是实际的交换，亦即为在不同地点换取同等重量的白银，所应支付的价值之间的比率。同样明白的是，在容许两地之间贵金属自由交易的情况下，交换的费用或交换比率与一之差，不能超过等量白银由一地运向另一地的实际运输费用；* 而在禁止金属自由贸易的情况下，则在运输费之外还要加上走私的开支。为了求得交换的方程，作为开始，先假设交换费用低于运输的费用，或者说，交换的实现既无需货币的实际转运，也不必改变两个商业中心之间贵金属的分配情况。

14. 先假设只有两个交换中心。设 $m_{1,2}$ 表示中心(1)每年欠中心(2)的总数；$m_{2,1}$ 表示中心(2)每年欠中心(1)的总数；$c_{1,2}$ 表示中心(1)对中心(2)的交换率，或为了交换在中心(1)提取的一单位白银，要在中心(2)支付的白银重量。

利用上述符号，并从两地之间贸易是平衡的、不必相互输送货币的假设出发，显然会有

$$m_{1,2}c_{1,2}=m_{2,1}\text{，或 }c_{1,2}=\frac{m_{2,1}}{m_{1,2}}。$$

一般还有 $$c_{2,1}=\frac{1}{c_{1,2}},$$

而在此特例中 $$c_{2,1}=\frac{m_{1,2}}{m_{2,1}}。$$

所以，只要比值$\frac{m_{2,1}}{m_{1,2}}$与单位 1 的差小于将一单位货币金属由一地转到另一地的运输费，则两地之间账目的平衡就不必通过货币的实际运送，而只受交换率的影响。

现再假设相互交换的地点有任意多个。令 $m_{i,k}$ 表示中心(i)每年欠中心(k)的总数，而 $c_{i,k}$ 则是(i)对(k)的交换系数，若地点的

* 原文的表达不确切，应或者把白银的重量限定为一克，或者交换比率与一之差还应乘以白银的克数。——译者

个数为 r，则这些系数的个数有 $r(r-1)$ 个，但是因为一般有 $c_{i,k}=\frac{1}{c_{k,i}}$，故待定系数的个数最终减为 $\frac{r(r-1)}{2}$。

这些系数，也不是相互独立的；因为如果

$$c_{i,k}>c_{i,l}\times c_{l,k},$$

则任何将货物由 (k) 送到 (i) 的人都会发现，如能用一张自 (k) 到 (l) 的汇票，交换到一张自 (l) 到 (i) 的，就要比自 (k) 到 (i) 的汇票便宜。根据同样的理由，也不可能有

$$c_{i,k}<c_{i,l}\times c_{l,k},$$

因为这相当于

$$c_{i,l}>\frac{c_{i,k}}{c_{l,k}}$$

或 $$c_{i,l}>c_{i,k}\times c_{k,l},$$

而后一式已经被证明是不可能的，不论 i,k,l 是什么。

于是，就一般地有

$$(a)\qquad c_{i,k}=c_{i,l}\times c_{l,k},$$

或至少可以这样说，每当上述关系暂时得不到满足时，银行的交易总倾向于重行建立这种关系。而我们的分析所考虑的，正是这种由商业变化所引起的交换率的连续振荡，围绕着它进行的平衡状态。

关系式 (a) 可以如下几何地表示：设想有一系列的点：(i)，(k)，(l)，…其位置的排列是每两个点——例如 (i) 与 (k)——之间的距离，用 $c_{i,k}$ 这个数的对数表示。根据这样的约定，关系式 (a) 表示，(i)，(k)，(l) 诸点，或一般而言，点数与交换中心的个数相等的

整个序列,都必定位在同一直线上。

由此可以得出,只要知道了从某一个中心到所有其他中心的交换系数,就足以推导出所有中心相互间的交换率。因此,剩下未知的系数就只有 $r-1$ 个,r 是交换中心的个数。

15. 至此,已经不难找到反映每个交换中心情况、个数与交换中心数相等的不同方程。作为出发点的假设是:交换中心之间没有货币的实际运送,而任何交换中心亏欠所有其他中心的总额,正好等于所有其他中心对它的亏欠。

由上述考虑,获得如下的方程组:

$$(b)\begin{cases} m_{1,2}+m_{1,3}+\cdots+m_{1,r}=m_{2,1}c_{2,1}+m_{3,1}c_{3,1}+\cdots \\ \qquad\qquad +m_{r,1}c_{r,1}, \\ m_{2,1}+m_{2,3}+\cdots+m_{2,r}=m_{1,2}c_{1,2}+m_{3,2}c_{3,2}+\cdots \\ \qquad\qquad +m_{r,2}c_{r,2}, \\ m_{3,1}+m_{3,2}+\cdots+m_{3,r}=m_{1,3}c_{1,3}+m_{2,3}c_{2,3}+\cdots \\ \qquad\qquad +m_{r,3}c_{r,3}, \\ \cdots\cdots\cdots\cdots\cdots\cdots \\ m_{r,1}+m_{r,2}+\cdots+m_{r,r-1}=m_{1,r}c_{1,r}+m_{2,r}c_{2,r}+\cdots \\ \qquad\qquad +m_{r-1,r}c_{r-1,r}。 \end{cases}$$

方程的个数是 r。根据上面刚讲过的,所有的未知系数都可以表示为总共只有 $r-1$ 个的 $c_{1,2}$,$c_{1,3}$,$\cdots c_{1,r}$ 诸系数的函数。所以在上述方程组中,必定有一个已经包含在其他方程之中;事实上,若令

$$(c)\begin{cases} c_{1,2}=\dfrac{1}{c_{2,1}}, c_{1,3}=\dfrac{1}{c_{3,1}}, \cdots c_{1,r}=\dfrac{1}{c_{r,1}}, \\ c_{3,2}=c_{3,1}\times c_{1,2}=\dfrac{c_{3,1}}{c_{2,1}}, \\ \cdots\cdots\cdots\cdots\cdots\cdots \\ c_{r-1,r}=\dfrac{c_{r-1,1}}{c_{r,1}}, \end{cases}$$

方程组(b)就变为：

$$(d)\begin{cases} m_{1,2}+m_{1,3}+\cdots+m_{1,r}=m_{2,1}c_{2,1}+m_{3,1}c_{3,1}+\cdots \\ \qquad +m_{r,1}c_{r,1}, \\ (m_{2,1}+m_{2,3}+\cdots+m_{2,r})c_{2,1}=m_{1,2}+m_{3,2}c_{3,1}+\cdots \\ \qquad +m_{r,2}c_{r,1}, \\ (m_{3,1}+m_{3,2}+\cdots+m_{3,r})c_{3,1}=m_{1,3}+m_{2,3}c_{2,1}+\cdots \\ \qquad +m_{r,3}c_{r,1}, \\ \cdots\cdots\cdots\cdots\cdots\cdots\cdots\cdots \\ (m_{r,1}+m_{r,2}+\cdots+m_{r,r-1})c_{r,1}=m_{1,r}+m_{2,r}c_{2,1}+\cdots \\ \qquad +m_{r-1,r}c_{r-1,1}。 \end{cases}$$

将(d)中第一个以外的诸方程相加，消去相同的项，结果恰是第一个方程。所以，独立方程的个数正好与自变量的个数相等。

若考虑只有三个中心的情况，方程组(d)将变为

$$m_{1,2}+m_{1,3}=m_{2,1}c_{2,1}+m_{3,1}c_{3,1},$$

$$(m_{2,1}+m_{2,3})c_{2,1}=m_{1,2}+m_{3,2}c_{3,1},$$

$$(m_{3,1}+m_{3,2})c_{3,1}=m_{1,3}+m_{2,3}c_{2,1}.$$

由之可得

$$c_{2,1}=\frac{m_{3,1}m_{1,2}+m_{1,2}m_{3,2}+m_{1,3}m_{3,2}}{m_{2,1}m_{3,1}+m_{2,1}m_{3,2}+m_{3,1}m_{2,3}},$$

$$c_{3,1}=\frac{m_{2,1}m_{1,3}+m_{1,2}m_{2,3}+m_{1,3}m_{2,3}}{m_{2,1}m_{3,1}+m_{2,1}m_{3,2}+m_{3,1}m_{2,3}},$$

结果就是

$$c_{3,2}=\frac{m_{2,1}m_{1,3}+m_{1,2}m_{2,3}+m_{1,3}m_{2,3}}{m_{3,1}m_{1,2}+m_{1,2}m_{3,2}+m_{1,3}m_{3,2}}。$$

上述特例中，$c_{2,1}$，$c_{3,1}$和$c_{3,2}$诸值的组成，清楚地表明，$m_{1,2}$对$m_{2,1}$的比值即使有相当大的变化，仍不会引起$c_{2,1}$值的巨大变动；或者，换句话说，交换中心之间的内部联系减少了两地之间交换率的变化。

16. 前面的分析假设，诸如$c_{2,1}$的每个系数的值不会小于某个极限值$\gamma_{2,1}$，这个极限值的大小，取决于将一个单位的货币从中心(2)运向中心(1)的实际运费，如果法律还禁止贵金属的出口，费用中还要包括走私的支出。所以如果这一运费为$p_{2,1}$，$c_{1,2}$的上限将为

$$1+p_{2,1}$$

而$c_{2,1}$的下限是

$$\gamma_{2,1}=\frac{1}{1+p_{2,1}}$$

另一方面，如果方程(c)和(d)给出

$$c_{2,1}<\gamma_{2,1}$$

就要得出结论：中心(2)不向中心(1)实际运送货币的假设，是不能接受的；结果，就会使方程组(d)中的头两个方程

$$m_{1,2}+m_{1,3}+\cdots+m_{1,r}=m_{2,1}c_{2,1}+m_{3,1}c_{3,1}+\cdots+m_{r,1}c_{r,1},$$

$$(m_{2,1}+m_{2,3}+\cdots+m_{2,r})c_{2,1}=m_{1,2}+m_{3,2}c_{3,1}+\cdots$$
$$+m_{r,2}c_{r,1},$$

不再成立，因为这两个方程表示(1)和(2)两个中心，仅仅通过交换清算就取得了借贷平衡而无需货币的输出或输入。用常数 $\gamma_{2,1}$ 代替(d)中其他方程里的未知量 $c_{2,1}$ 将是必要的；由于这些方程的个数是 $r-2$，正好足以确定剩下的 $r-2$ 个未知量，亦即 $c_{3,1}$，$c_{4,1}$，……，$c_{r,1}$。

再回过头来考虑在目前假设下不再成立的(b)中的头两个方程。很明显，在扣除运输费用后，中心(1)的净进口数将是：

$$I=m_{2,1}\gamma_{2,1}+m_{3,1}c_{3,1}+\cdots$$
$$+m_{r,1}c_{r,1}-(m_{1,2}+m_{1,3}+\cdots+m_{1,r}),$$

而包括运输费在内的，从中心(2)出口的总数表达为

$$E=m_{2,1}+m_{2,3}+\cdots$$
$$+m_{2,r}-(m_{1,2}\gamma_{1,2}+m_{3,2}c_{3,2}+\cdots+m_{r,2}c_{r,2})。$$

此外，还有

$$(e)\qquad E\gamma_{2,1}=I,$$

因为 E 与 I 的差也仅仅起因于自(2)到(1)的运费，所以在用 $c_{2,1}$ 的真实值 $\gamma_{2,1}$ 替代 $c_{2,1}$，并从方程组(d)得到 $c_{3,1}$，$\cdots c_{r,1}$ 的值之后，这个条件方程必然化为一恒等式。如果将方程组(d)中在此情况下已不再成立的头两个除外，而把其他方程相加，消去同类项，得到的就正是与方程(e)完全一样的条件方程。

17. 值得指出，即使在系数 c 因为实际上将硬币从一地运送到另一地，而达到其极限 γ 的情况下，关系式

$$c_{i,k}=c_{i,l}\times c_{l,k}$$

仍然成立。前文中关于这一方程的论述,在现在的情况下仍可应用。譬如,若有

$$\gamma_{i,k} > \gamma_{i,l} \times c_{l,k},$$

则任何想把资金从(k)送至(i)的人,会先开出一张自(k)到(l)的汇票,在汇票兑现后再把硬币从(l)送到(i),而不是支付自(k)到(i)的实际运费。如果是另一种情况,即

$$\gamma_{i,k} < \gamma_{i,l} \times c_{l,k},$$

经过推演,就是

$$\gamma_{i,l} > \gamma_{i,k} \times c_{k,l};$$

于是,任何要把资金从(l)送至(i)的人,就会先开一张由(l)到(k)的汇票,兑现后再将这笔硬币运到(i)。其结果是,即使我们假设的比值

$$\gamma_{i,k} = \gamma_{i,l} \times c_{l,k}$$

会受到暂时的扰动,银行的往来总倾向于将之重行确立。

由此得出一个非凡的、至少从理论上讲是十分严格的结论:如果考虑的是三个金融中心(i),(k)和(l),则至少在其中两个中心之间不会有硬币的直接运送;或者说,它们之间的交换,将是价值的简单转移,而不会有货币的实际运送,其交换率也不会达到极限,即当需要将货币从一个中心运至另一中心时,由实际运费所决定的极限。事实上,如果真的存在着硬币既从(i)运到(k),又从(i)运到(l),还从(k)运到(l)的实际运送,由于决定货币从(i)到(k)、从(i)到(l)、从(k)到(l)的实际运价的因素是各不相关、各自独立的,因之,$\gamma_{i,k}$,$\gamma_{i,l}$和$\gamma_{l,k}$三个系数真的恰好满足条件方程

$$\gamma_{i,k} = \gamma_{i,l} \times \gamma_{l,k}$$

的机会是微乎其微的，甚至可说在现实中是根本不可能的。当然，也易于理解，这并不是一个在实践中可严格应用的原理。因为交换率并非按数学的准确性来确定的，而且，当实际运费并不过分超过购买汇票的费用时，直接运送硬币就自有其理由了。这里的问题，也和财富理论中发生的其他问题一样，那就是：从理论推导出来的原理具有普遍的应用性，但又决不能死板地应用于每个个别的情况。

18. 上述关于三个交换中心的结论，对于任意多个中心的情况，同样适用。若中心数用 r 表示，交换系数的个数将为 $r(r-1)$，但据方程(c)，只要知道其中的 $r-1$ 个就足以确定所有其他的交换系数了。现在假设，像 $c_{i,k}$这样的 $r-1$ 个系数，因为在(i)与(k)这样的中心之间，存在着硬币的实际运送而达到了它们的下限，如 $\gamma_{i,k}$；于是它们的逆系数如 $c_{k,i}$，就将达到其上限值。但是也将有 $r(r-1)-2(r-1)=(r-1)(r-2)$个像 $c_{k,l}$这样的系数，不会达到极限值；所以中心(k)与(l)之间的信贷平衡，将通过银行交易（转账）来实现，而不需要钱币的实际运送。

换言之，在目前的假设下，作为系统的一个部分的每个中心，都将输入或输出货币，但又不是在每一对中心之间都有货币的输入或输出。在所有中心与中心的组合——总数为$\frac{r(r-1)}{2}$对——中，实际运送硬币的有 $r-1$ 对，另外$\frac{(r-1)(r-2)}{2}$对就只有简单的银行结算。

此外，还有必须如此的必要性，因为不然的话，一年内必须从一年流向其他地方的硬币量就会是不确定的；而这又不能成立。

事实上，如果将前面的关于只有在两个中心之间运送硬币时，如何确定输入与输出量的论述，推广到有任意多个中心的情况，就会认识到，要确定每个中心输入或输出的总量，方程的个数不可能超过 r 个；这些方程不难从方程组(b)或(d)推导出来，而且它们甚至还简化为 $r-1$ 个独立方程。所以需要确定其值的量也减少为 $r-1$ 个，结果就是，只能在 $r-1$ 对中心之间才有真正的硬币运动。

但是，如果承认了

$$\gamma_{i,k}=\gamma_{i,l}\times\gamma_{l,k},$$

的特例，因为这个方程意味着自(k)向(i)运送一笔钱的费用，与先将它由(k)送到(l)，再由(l)送到(i)的费用是相等的，于是，就无法根据数据完全确定，从其中一个点运向其他点的总量是多少，而且在此情况下，未知量的个数也将超过方程的个数。所以，显而易见的是，这一分析中的所有结果是紧密关联的。

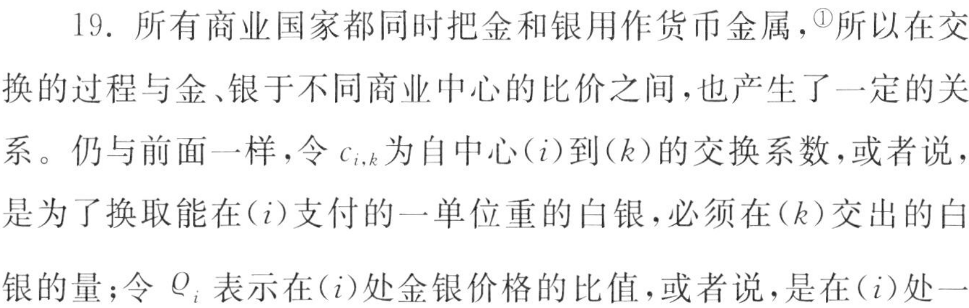

19. 所有商业国家都同时把金和银用作货币金属，[①]所以在交换的过程与金、银于不同商业中心的比价之间，也产生了一定的关系。仍与前面一样，令 $c_{i,k}$ 为自中心(i)到(k)的交换系数，或者说，是为了换取能在(i)支付的一单位重的白银，必须在(k)交出的白银的量；令 Q_i 表示在(i)处金银价格的比值，或者说，是在(i)处一

① 俄国政府曾铸造过一些铂币；但正如巴巴奇(Babbage)在其论制造工业的著作中极中肯地指出的，铂迄今仍缺乏作为货币金属的一个重要性质：由于取得大量铂的工艺既困难又昂贵，单一整块的铂锭要比切割开的贵得多。因为外国货币的价值只相当于它们所含贵金属的数量，铂币到国外就远没有用来铸造它的铂锭值钱。同理，流入国外后，含银辅币的价值，就不如等量的银在银锭中的价值，因为必须扣除将辅币提炼成银锭的费用。所以，如果一个政府发行的辅币量超过辖区内找零的需要，就不是明智的。

克黄金能换得的白银的克数，而 Q_k 则表示在(k)处的金银价格之比值。再假设，把数量为 h 的金币由(i)运到(k)，在扣除实际运费，以及假如因禁止黄金转运而发生的走私费用后，h 将减少为 $\varepsilon_{i,k}h$。

用 h 表示的一定量的黄金，可以在(i)地买到在该地交付、以 $Q_i h$ 表示的一定量的白银。这一重量的白银或相当重量的黄金，可买到在(k)处交付的白银的重量以 $Q_i c_{i,k} h$ 表示。但若将以 h 表示的一定量黄金真的由(i)运到(k)，在减去运费之后，重量将减为 $\varepsilon_{i,k}h$，它在(k)地可买到的白银重量则是 $Q_k \varepsilon_{i,k} h$。所以，如有

$$Q_k \varepsilon_{i,k} h > Q_i c_{i,k} h \text{ 或 } \frac{Q_k}{Q_i} > \frac{c_{i,k}}{\varepsilon_{i,k}}$$

就会发生实际的运送。

只要上面这个不等式成立，就会有黄金自(i)流向(k)；随着黄金在(i)地日渐稀缺，需求者就增多；(i)地黄金对白银的比价将上升，而在(k)地则因同一理由而下跌，最后达到

$$\frac{Q_k}{Q_i} = \text{ 或 } < \frac{c_{i,k}}{\varepsilon_{i,k}}$$

重复同样的论述，或只改变下标中字母的排列，可表明在平衡建立之后，必须有

$$\frac{Q_i}{Q_k} = \text{ 或 } < \frac{c_{k,i}}{\varepsilon_{k,i}}$$

或者，根据

$$c_{k,i} = \frac{1}{c_{i,k}},$$

必须有

$$\frac{Q_k}{Q_i} = \text{ 或 } > c_{i,k} x \varepsilon_{k,i};$$

而且，数 $\varepsilon_{k,i}$ 是从数 $\varepsilon_{i,k}$ 通过下标的重行排列得出的。

$\varepsilon_{i,k}$，$\varepsilon_{k,i}$ 的值越接近于 1，当比值 $\frac{Q_k}{Q_i}$ 已知时，交换系数 $c_{i,k}$ 取值的上下限就越窄；还可相应地说，当交换系数已知时，比值 $\frac{Q_k}{Q_i}$ 的变化范围也越窄。如果这些数与 1 的差，确实像通常的那样相差无几，考虑到以少些的费用出口黄金的方便，也考虑到必要时逃避禁运法令的方便，就将在实际上有 $\frac{Q_k}{Q_i} = c_{i,k}$。

在此情况下，只要掌握某个中心的黄金价格以及交换系数的资料，就可以推算出和它有银行往来的所有其他中心的黄金价格。政府在制定其货币制度时，为黄金和白银规定不变的法定比值的做法（例如法国确定的比值是 15.5），其实是徒劳的；如果根据上述诸条件，确定的金价过高，黄金自会促使交易中的商人付出溢价升水，从而恢复它真正的商业价格。

假设交换系数 $c_{i,k}$ 达到其极限值，亦即前面用 $\gamma_{i,k}$ 表示的值，上面的论断，也不会改变。

铸币费用及大多数政府收取的造币利差，使铸成钱币的每克白银或每克黄金的价格，在全国范围内高于未铸成钱币的每克金、银或金、银锭中每克的价格。

一旦钱币流到国外，这个附加价值就不复存在，此时钱币的计值，只能按其纯度和重量进行。所以任何国家出口铸币所造成的损失，就与增加了运输的费用一样。运用这一方法，前面的分析，就无需修正。

铸币赋予一块铜片的价值，超出了该金属的内在价值。因此，铜币是不出口的，它是一种约定俗成的钱币，只能在本国版图内流通。

钱币的磨损或因长期使用在重量上的损失，是影响银行操作的另一种考虑。这方面的技术细节，请参考在这方面有详细研究的著作，特别是亚当·斯密的论著。

第四章 论需求规律

20. 在为交换价值的理论奠基时，我们将不像大多数纯理论作者那样，追溯到人类的摇篮时代；我们既不想解释财产的起源，也不解释劳动的交换与分工。所有这些无疑也属于人类的历史，但对于只能在很发达的文明状态中、只能在初始条件（这里借用了数学用语）的影响已完全失却意义的阶段，才找到应用的理论，它们已经没有影响了。

我们将只求助于一条公理，或者像有人爱说的那样，只作一个假设，即每个人都力图从他的物品或劳动，获得最大的可能价值。但为了从这个原理推导出合理的结论，我们将建立起只凭观察就能提供的数据诸要素，并尽力使之比既往有过的更好。不幸的是，虽然理论家们也几乎如出一辙地介绍这一基本点，但，可以丝毫不差地认为，他们的介绍方式，使这一基本点变得毫无意义。

几乎众口一词地讲到："物品的价格与供应的数量成反比，与需求的数量成正比"。却从未考虑过，要作出准确的数字估计，必须要有统计值，而事实上，无论是供应的量还是需求的量，都可能是缺乏的；也没有考虑过，这一情况会妨碍从这一基本原理推导出有应用价值的一般结论。但是这原理本身到底是什么意思呢？它是否真的认为：假如拿出来销售的任何东西增加了一倍，价格就会下跌一半？果真如此，就该表达得更简明些，只需说成：价格与供给的数量成反比。但，如此简明扼要的原理却可能是错的；因为一般而言并无理由可以认为，在同样一段时间以及同样的环境中，若以 20 法郎的单价可卖出 100 单位的物品，则以 10 法郎的单价将会卖出 200 单位。有时卖出的会少些，更经常的则可能是多些。

此外，需求的数量又是什么意思？毫无疑问，它并不是指应购物人的需求而实际卖掉的数量；因为从这个冒充的原理得出的结论，一般地说是荒谬的：卖得越多的物品越贵。如将需求理解为拥有一种物品的朦胧的愿望，而不参照每个购买者在提出需求时肯出的**最高价格**，这样的需求就很少不是无穷大的；但如果把每位购买者内心愿付的买价，以及销售者内心的卖价考虑进去，这个假设的原理将会变成什么样子呢？这里要重复一下，它并不是一个错误的命题，但却是一个没有意义的命题。其结果就是，那些联合起来宣扬它的人又采取了一致的行动：都不运用这一原理。我们试图探讨的是比较能结出果实的原理。

一样物品变得便宜些了，对它的需求，通常也会大些。销售或需求（这两个词在我们是同义的，而且实在也没有理由去让理论考虑不结出销售结果的需求），一般而言，随价格的下降而增加。

此处添加的**一般而言**是一种修正；事实上，有些东西之成为商品，全凭古怪的兴趣和奢侈的愿望。它们依仗的就是“物以稀为贵”，结果也真的价格昂贵。如果真的有人能成功地使碳结晶，以 1 法郎的成本生产出现在价值 1000 法郎的钻石，则珠宝中就不再有钻石，钻石不再作为商品出现等，都将是不足为奇的事。在本例中，价格的猛跌甚至会消灭掉需求。不过，这种性质的东西，在整个社会经济中的作用，太微不足道了，所以无需把我们讲的作为约束放在心上。

需求有可能与价格成反比；通常，需求的比例增、减相当快——这样的观察结论，特别适用于大多数制造业的产品。与之相反，也有些情况，需求的变化不那么急遽；它看来既适用于最必需的物品，也适用于最可有可无的物品（这确实是非常特殊的）。小提琴或天文望远镜的价格可能下跌一半，需求却未必会加倍；因为，从事于有关艺术或科学的人数决定了对这些器具的需求；他们要具备必要的气质，要有能深入钻研的闲暇，还要有钱请得起教师和应付其他必要的开支。结果就使提琴或望远镜这类器具的价格，只有第二位的意义。与此相反，木柴是一种极有用的物品，因为森林的采伐以及人口的增加，它的价格有可能上涨一倍。但燃料的消费量却会迟迟不下降为原来的一半；会有大量的消费者想方设法紧缩其他开支，而不会过没有木柴的日子。

21. 所以，可以认为，每一项物品的销售量或年需求量 D，是该物品的价格 p 的特殊函数 $F(p)$。知道了这个函数的形式，也就知道了我们称作**需求规律**或**销售规律**的东西。它显然取决于该物品的效用种类，取决于物品所提供之服务或由物品获得之享受的性质，取决于人们的风俗习惯、平均财富，以及财富据以分配的尺度。

因为有这么多既不能点数、又不能测量的伦理原因在影响需求规律，想用一个代数式表达它，成了极不现实的想法。正好像，关于死亡率的规律，任何一种需由统计学（有人称之为社会算术）来确定的规律，都不可能用一个代数式来表达。所以，必须依靠观察这一工具,在恰当的上下限之间制作 D 与 p 的对应值表;然后再利用著名的内插法或绘制图像的过程,得出能代表该函数的经验公式或曲线;这样一种解决问题的办法,可以扩展到提供数值应用的程度。

但是(考虑到要使观察达到足够的数量与精度,极其困难;考虑到一个国家若未在实际上达到留驻*条件,需求规律必发生进行性变动),即使实现不了上述目标,仍然可以利用一个不确定的符号,对未知的需求定律,进行解析性的研究。因为,众所周知,数学分析的一个最重要的功能,正是给那些无法指派数字值甚至代数形式的量,规定确定性的关系。

未知的函数仍然可能具有已知的性质或一般性的特点;譬如,它是无限递增或递减的,是周期的或是仅在一定的区间之内才有实数值,等等。尽管这样的资料看来多么不完备,根据这些性质的通用特点,再利用解析的符号,就可发现一些具有同等普遍意义的关系,而假如没有这些帮助,就难以有此发现。例如,虽然不知道毛细力的递降定律,仅仅从毛细力在可觉察的距离小得难以觉察的原理出发,数学家已经论证了毛细现象的普遍定律,而且这些定律已经为观察所证实。

从另一个角度讲,未知量之间存在的确定性关系表明之后,分析就使这些未知量的数目尽量减少,而且又指导观察者进行最佳的观察,以发现这些未知量的数值。它减少了也协调了统计文献;

* 留驻(Stationary)是数学分析中的一个概念。处于这一状态的函数,若是单变量的,则一阶导数为零,若是多变量的,则所有一阶偏导数为零。下文中“留驻人口”的意义相同,意指出生数与死亡数相等的人口。——译者

而且它还在加深统计学家的理解的同时，减少了他们的劳动。

例如，想给死亡率的规律先验地指定一个代数形式，是不可能的；想为一个留驻人口中各种年龄的分布列出函数表达式，也同样困难；但这两个函数却由一个极其简单的关系联结，以至只要能根据统计值建立起死亡率的表，就有可能不必求助于新的观察，就从这张表推导出留驻人口中各种年龄的比例；甚至虽非留驻，但死亡数超过出生数数目已知的人口，也能做到。①

社会经济领域里存在着大量的统计数字，它们由可指出的关系联结在一起；利用这种关系，可以选出最易于用经验方法确定的，然后再利用理论推导出所有其他的数据来；对此，谁有什么怀疑呢？

22. 假设，反映需求规律或市场规律的函数 $F(p)$ 是一连续函数，也就是说，它不会突然从一个值跳到另一个值，而是会遍历所有中间的值。如果消费者的数目十分有限，情况就会不同：譬如，有这样的家庭，当木柴的价格是每方 10 到 15 法郎时可能消费同样数量的木柴，②而假如每方的价格超过后一数值时，消费量可能突然下降。但市场越广阔，消费者的需要、资财、甚至反复无常癖

① 在《Annuaire du Bureau des Longitudes》内含有两张这样的表，第二张就是像上面讲的那样，在留驻人口的假设下，由第一张计算出来的。

迪维拉德(Duvillard)在名为《天花对死亡率的影响》的著作中，举了很多基本上是经验性函数间存在数学联系的好例子。

② 1 方(stere)＝1 立方公尺＝35.3 立方英尺＝$\frac{5}{18}$cord 。

(1 cord＝4 英尺×4 英尺×8 英尺＝128 立方英尺，为英制木料量方单位。——译者)

好的组合，也越多变化，函数 $F(p)$ 伴随 p 的变化，就越接近于连续的形式。p 的变化不论多么小，总会有这么几个消费者会因该物品价格的微小涨落而影响其消费，他们或者以某种方式停止消费，或者减少其制造的产出，或者以代用品替代变得昂贵了的原料，如以煤代柴、以硬煤替代烟煤等。所以"交换"就成为一种温度计，它通过各种比率的微小变化，来反映机遇估计中的暂时性变化；政府债券的买卖受机遇估计的影响，但对大多数投资于债券的人来说，这些变化还不足以成为买进或抛出的刺激。

若函数 $F(p)$ 是连续的，它将拥有这类函数共同的性质，而这一性质正是数学分析的许多重要应用的基础：只要价格的变化量是原来价格的小的分值，需求的变化将与价格的变化形成灵敏的比例。此外，这些变化的符号相反，亦即价格的增加将对应着需求的减少。

假设，在一个像法兰西的国家内，当食糖的价格为每公斤 2 法郎时，消费量为 10000 万公斤，而且还曾观察到，当价格达到每公斤 2 法郎 10 生丁时，消费量就跌到 9900 万公斤。据此，若认为与每公斤 2 法郎 20 生丁对应的消费量是 9800 万公斤，而与每公斤 1 法郎 90 生丁对应的消费量是 10100 万公斤，是不会出大错的。此处应用的原理，不过是函数连续性的数学结果。但很明显的是，它使理论的应用方便了许多；或者是使主宰价值运动的规律有了简化的解析表达式，或者是，在理论已充分开发、适宜进行数值确定的情况下，可以减少必须从经验借用的数据量。

严格地说，还要提醒一声，刚加以阐述的原理有例外的情况，因为连续函数在其变化过程中，也可以在几个点上中断。但是，正如摩擦力抛光了粗糙的表面一样，商业的磨损力，也倾向于抑制这些例外情况，与此同时，商业机制还节制了价格的变动，倾向于使价格维持在上下界限之间，从而方便了理论的应用。

23. 为了准确地定义 D 这个量，或作为 D 之表达式的函数 $F(p)$，我们已经假设，D 代表着一年中在全国范围或在所考虑的整个市场[①]上卖出的量。事实上，"年"是个自然的时间单位，对于任何与社会经济有牵连的研究，尤其如此。人类的所有需要在此期限内周而复始，人类从自然界以及通过劳动获得的一切资源，也是如此。不过，一种物品的价格却会在一年之中有相当大的变化，而且，严格地说，如果这个国家在此期间经历了兴衰的变化，连需求规律也可能改变。所以，为了提高准确性，在 $F(p)$ 的表达式中，p 必须取年平均值，而代表函数 F 的曲线本身，也必然是一年中各不同时期该函数的所有曲线的平均曲线。但，只是在考虑数值应用时，才必需如此极端的准确性；如果研究的目的只是获得平均结果的一般表达式，不必考虑周期性的振荡，这样的准确程度就是多余的了。

24. 由于函数 $F(p)$ 连续，代表一年内销售金额的函数 $pF(p)$ 也必定连续。如果 p 等于零，这个函数也会等于零，因为即使该物品免费供应，消费量仍然是有限的。或者，换种说法就成为，从理论上讲总可以给符号 p 指定一个很小的值，使得乘积 $pF(p)$ 将变得与零难以区别。函数 $pF(p)$ 还会在 p 变为无穷大时消失，或

① 大家都清楚，经济学家所说的市场，并不是指进行买卖活动的场所，而是一整个疆域，其中的各个部分，因商业关系不受限制而联合在一起，市场内的价格能方便而迅速地调节为同样的水平。

者，用另一种说法就是，从理论上讲，总可以给 p 指派一个很大的值，使得对该物品的需求连同销售额都消失。由于在 p 增长的过程中，函数 $pF(p)$ 先增加然后又减少，所以就存在一个使该函数达到极大的 p 值，这个 p 值可由方程

$$(1) \qquad F(p)+pF'(p)=0$$

来决定，在此，F' 按拉格朗日（Lagrange）的记法，代表函数 F 的微系数。

如果用横坐标 Oq 和纵坐标 qn 分别代表变量 p 与 D，画出曲线 anb（图 1），方程（1）的根，将是点 n 的横标，由切线 nt 和半径向量 On 组成的三角形等腰，故有 $Oq=qt$。

我们承认，不可能为每种物品经验地确定函数 $F(p)$，然而这并不意味着，这样的障碍能阻止人们近似地确定满足方程（1），亦即令乘积 $pF(p)$ 达到极大的 p 值。如能建立一张可查找出这些值的表，从切实而精确地解决与财富理论有关之问题的角度看，真可算是最佳的准备工作了。

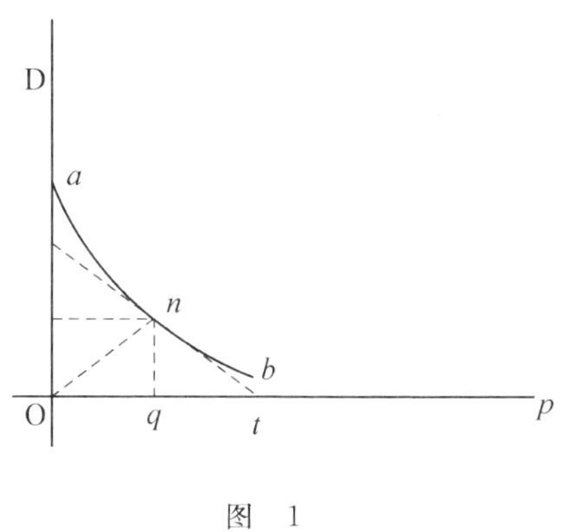

图 1

但是，即使不可能从统计数字中得到可令 $pF(p)$ 为极大的 p 值，对那些已经尝试着积累商业统计数据的一切物品，至少可以了解它们目前的价格是低于还是高于这个值。假设，当价格变成 $p+\Delta p$，由诸如海关记录之类统计数字反映的年消费量变成了 $D-\Delta D$。按照

$$\frac{\Delta D}{\Delta p} < \text{或} > \frac{D}{p},$$

就可判断，价格增加 Δp，到底是增加还是减少了乘积 $pF(p)$；结果，也就知道了，p 和 $p+\Delta p$（假定 Δp 是 p 的一个小的分值）这两个值与令乘积极大的值相比，到底是嫌大还是嫌小。

所以，为了把经济上高度重要的物品区分为两大类，商业统计还是需要的，分类的标准是它们目前的价格与令 $pF(p)$ 极大的值相比，是大还是小。我们将看到，许多经济问题，都因所考虑的物品是属于哪个大类而有不同的答案。

25. 由极大极小理论可知，令 $pF(p)$ 为极小的 p 值，也可满足方程(1)。上节开始时的论述固然表明函数 $pF(p)$ 必有一极大值，但也可能有几个极大值，并且在其间还有几个极小值。方程(1)的根，对应的到底是极大值还是极小值，要看它令

$$2F'(p) + pF''(p) < \text{或} > 0$$

而定；或者，用(1)中 p 的值代替上式中的 p，并考虑到 $F'(p)$ 本质上是负的，就要看

$$2[F'(p)]^2 - F(p) \times F''(p) > \text{或} < 0$$

而定。其结果就是，只要 $F''(p)$ 是负的，或者当曲线 $D=F(p)$ 将凹面转向横轴时，就既不可能有极小，也不可能有几个极大。在相反的情况，若干个极大、极小的存在，就不是不可能的了。

但，如果不是仅仅从纯抽象的角度看问题，就会立刻认识到，在 p 变化的上下界限之内，函数 $pF(p)$ 经历若干个极大极小，是多么不现实；而且，因为没有必要去考虑落在界限之外、即使存在的极大，结果就与函数 $pF(p)$ 只有一个极大完全一样了。关键性

的问题始终是：在 p 的振动界限范围之内，当 p 值增加时，函数 $pF(p)$ 是增还是减。

任何论证都应由简而繁：若研究的目的是探讨确定价格的规律，最简单的假设是垄断的假设。垄断一词，要从最绝对的意义来理解，它假定某种物品的生产，控制在一个人手中。这样的假设并非虚构；在某些情况下，它是现实的；此外，在研究过垄断之后，我们就能更准确地分析生产者相互竞争的效果。

第五章　论垄断

26. 为讨论时的方便，假设某人发现他拥有的矿泉水，含有其他矿泉水缺少的健身物质。他当然能将价格定为每升 100 法郎；但他很快就会因为问津者极少而认识到，这样的定价，并不是从这份产业赚尽可能多的钱的办法。所以他将不断地降低每升矿泉水的价格，直到获得可能的最大利润为止；亦即，如果 $F(p)$ 表示需求规律，他在经过多次试验之后，终于得到了令 $pF(p)$ 极大的 p 值，或者说，这个 p 值将由方程

$$(1)\ F(p)+pF'(p)=0$$

所规定。

乘积 $$pF(p)=\frac{[F(p)]^2}{-F'(p)}$$

将是矿泉主的年收入，而且这个收入仅与函数 F 的性质有关。

为了使方程(1)有用，必须假定，对应于由(1)确定之 p 值的需求 D，是矿泉主能够交付或并未超过矿泉之全年流量的；否则的话，这位矿泉主就不能把每升的价格降得如此之低而不受损失，因为，使矿泉源源不竭，才是他的利益所在。如果用 Δ 表示矿泉每年生产的升数，通过关系式 $F(p)=\Delta$ 推算出 p，这样得到的，必然是最终必须由顾客的竞争情况来规定的每升价格。

27. 在这个代表一种类型的最简单的例子中，生产者不负担生产成本，或即使有生产成本，也可认为微不足道。进一步则要假设，某人拥有的是一种医药饮料，或人造矿泉水的配方秘密，他就必须支付材料及劳力的成本。这时，生产者应尽力使之极大化的，就不再是一年的毛收入(gross receipt)，即函数 $pF(p)$ 了。他要尽力使净收入(net receipt)即函数 $pF(p)-\phi(D)$ 极大，此处的 $\phi(D)$ 表示生产 D 升的成本。由于 D 通过关系式 $D=F(p)$ 与 p 相关联，复合函数 $pF(p)-\phi(D)$ 可认为是单个变量 p 的隐函数，尽管在一般情况下，生产成本总看成是生产数量而不是价格的函数。结果，生产者会据以生产其物品的价格，将由方程

$$(2) \qquad D+\frac{dD}{dp}\left[p-\frac{d[\phi(D)]}{dD}\right]=0$$

决定。

这个价格又将依次决定这位发明家年净收入或年收益(revenue)，以及他拥有的秘密或生产性资财(productive property)的资本价值。这种生产性资财的所有权，受到法律保护，而且可以像一块土地或任何物质资财一样进入商业流通。如果这一资本价值为零或无足轻重，拥有这份资财的人，就不能从它获得金钱利润；他会无偿地丢弃它，或只向第一个设法开发它的接洽者，收取很少量的钱。此时，每升的价值将只代表原材料、工资、合作生产或营销者的利润，以及为开发它而必须投入的利息的价值。

28. 上例所述各款不允许对生产力施加限制，因为生产力受到限制，生产者就不能按需求规律降低定价，以获取极大化的净收入。但在其他许多情况下，却可能存在这样的限制。如果 Δ 表示

生产或需求不能超越的极限，价格就会与没有生产成本一样，由关系式 $F(p)=\Delta$ 决定。在此情况下，成本已完全不由消费者负担；它只减少生产者的收入。确切地说，它也不是落到这一资财的业主头上（业主本人或其代理人，是根据这项资财的年收益的某个比例获得它的，至于业主是那位发明家或第一个持有者的情况，则属于不由理论处理的原始条件了），而是落到这份资财上。减少这一成本，只要不造成增加生产能力的后果，就只会对生产者有利。

29．现在考虑如下情况：存在着降低生产成本从而增加生产量的可能性，而且价格 p 由方程（2）决定。在 D 增加时，微系数 $\frac{d[\phi(D)]}{dD}$ 虽然可增可减，但必须假定为正，因为生产的绝对开支在产量增加时反而下降，是荒谬的。还请注意，必然有 $p>\frac{d[\phi(D)]}{dD}$ 的事实。因为 dD 是生产的增加量，$d[\phi(D)]$ 是开支的增加量，pdD 是毛收入的增加量，生产资源无论多么富饶，一旦开支的增加超过收入的增加，生产者就会不再增产。这在方程（2）中也有充分的证据，因为 D 总是个正的量，而 $\frac{dD}{dp}$ 却是个负的量。

在以下的研究过程中，直接考虑 $\phi(D)$ 的机会很少，但却会考虑到今后将记作 $\phi'(D)$ 的微系数 $\frac{d[\phi(D)]}{dD}$。这个微系数是 D 的新的函数，它的形式，对经济学中的主要问题，有巨大的影响。

函数 $\phi'(D)$ 在 D 增加时，根据生产能力及所生产物品的性质，可增可减。

对于能恰当地归入制造类的物品（manufactured articles）来

说，通常总是成本随着生产的增加而成比例地减少，或者换种说法，当 D 增加时 $\phi'(D)$ 是个减函数。这要归因于改进劳动的组织，享受大量购进原材料的价格折扣，最后还有生产者称之为一般开支(general expence)的减少。不过，即使是这类性质的产品，若是对这种性质利用得超过一定限度，原材料及劳力的价格会上涨，这以后 $\phi'(D)$ 重又开始与 D 一起增加。

当问题属于使用中的农田、矿山或采石场，亦即本质上属于不动产性质时，函数 $\phi'(D)$ 与 D 一起增加。而且，正像下面就要讲的，仅仅因为这一事实，即使农田、矿山和采石场，还远没有达到将所有可能都奉献出来的程度，它们也已为其业主提供着净收益，而且尽管这些产业一分再分，从而在生产者之间引起了可认为是无限的竞争，情况仍然如此。相反，如果条件改变为 $\phi'(D)$ 在 D 增加时反而减少，在可恰当地称之为垄断的情况、或者在集体地维护的垄断效果仍可感知，而且竞争还受到限制的情况，投资就只能提供一份纯收入或租金(rent)。

30. 在函数 $\phi'(D)$ 随 D 的增加而增加或减少，这二者之间，自然还存在着函数成为一个常数的情况，即成本是产量的一个常数比例，此时，方程(2)取如下形式：

$$D+\frac{dD}{dp}(p-g)=0。$$

还必须指出，$\phi(D)$ 是常数，因而 $\phi'(D)=0$ 的情况，这时价格就像没有成本那样保持不变。这种情况，乍看之下似乎很希罕，其实却并不少见，特别是当生产是在垄断条件下进行，而且 D 的数值可以在允许的范围内伸缩。譬如，在剧院类企业中，D 代表出售的门票，不论观众的人数多寡，企业的费用在实际上保持不变。另一个例子是也属于垄断性投资的过桥通行费；D 表示过桥人数，无论使用桥梁的人是多是寡，它的维修、守卫、会计的费用是一样的。在这些例子中，常数 g 消失，方程(2)变得与方程(1)一样，确定价格 p 的方式，也与没有成本时一样。

31. 当生产成本增加，由垄断者按方程(2)规定的价格，似乎理所当然地要增加；但是，经过考虑就会感到，如此重要的命题，似乎应该有合理的论证来支持；此外，这一论证还将导出一个同等重要的、只有依靠数学，才能无可争辩地确立的观察结论。

令 p_0 为方程(2)的根，并将方程改写成

$$(3)\qquad F(p)+F'(p)[p-\psi(p)]=0$$

的形式，因为用 $\psi(p)$ 代替 $\phi'(D)=\phi'[F(p)]$ 更加简单；再假设，当函数 $\psi(p)$ 变化了一个 u 量，变成 $\psi(p)+u$ 时，p 变为 $p_0+\delta$。若忽略不计增量 u 与 δ 的平方及高次幂项，方程(3)将在这两个增量之间建立起如下的关系：

$$(4)\qquad \{F'(p_0)[2-\psi'(p_0)]+F''(p_0)[p_0-\psi(p_0)]\}\delta$$
$$-uF'(p_0)=0$$

式中 δ 的系数是方程(3)的第一部分关于 p 求导数，再令导数中的 p 是取 p_0 值得到的。

但，按大家熟知的极大极小理论，δ 的这个系数必为负值；因为它若是正的，方程(3)的根 p_0 所对应的只能是函数 $pF(p)-\phi(D)$ 的极小，而不可能是应有的极大。此外，$F'(p)$ 按其性质也是负的。所以，一般地，增量 δ 应该与增量 u 同号。

32. 证明这个结果时，有一个假设基础：变化量 u,δ 都是很小

的量;这样才能略去平方项和乘积项,而不发生可觉察的误差。但这样的限制可以用很简单的论述排除掉。事实上,只要是用 u 表示成本费的增加值,就可以假设函数 $\psi(p)$ 是经过一系列符号相同的小增量,u_1,u_2,u_3,等等,从 $\psi(p)$ 值达到 $\psi(p)+u$ 值。与此同时,p 也将经过一系列对应的,同样很小的小增量,δ_1,δ_2,δ_3,等等,从 p_0 值达到 $p_0+\delta$ 值;(根据前一节的证明)δ_1 将与 u_1 同号,δ_2 也将与 u_2 同号等等。所以

$$\delta=\delta_1+\delta_2+\delta_3+\cdots,$$

也将与 $u=u_1+u_2+u_3+\cdots$

有相同的符号。这个论证方法应该记住,因为在下文中将经常提到它。

33. 从方程(4),可得

$$\frac{\delta}{u}=\frac{F'(p_0)}{F'(p_0)[2-\psi'(p_0)]+F''(p_0)[(p_0)-\psi(p_0)]},$$

因为等号右侧分式中的两项都是负的,故又得出结论:δ 在数值上是大于还是小于 u,要看

$$-F'(p_0)\gtrless-F'(p_0)[2-\psi'(p_0)]-F''(p_0)[p_0-\psi(p_0)],$$

或者,换种表示法,要看

$$F'(p_0)[1-\psi'(p_0)]+F''(p_0)[p_0-\psi(p_0)]\gtrless 0,$$

用方程(3)中导出的值代替上面关系式中的 $p_0-\psi(p_0)$,又变成:

$$[F'(p_0)]^2[1-\psi'(p_0)]-F(p_0)\times F''(p_0)\lessgtr 0。$$

34. 利用数值应用，可以将这一点说得更清楚，为此设想有如下的情况。设函数 $\phi'(D)$ 在开始时等于零，并且接着简化为一个常数 g。p 的第一个值 p_0 将由方程

$$F(p)+pF'(p)=0$$

给定，在此称作 p' 的 p 的第二个值，则由另一方程

$$(5)\qquad F(p)+(p-g)F'(p)=0$$

给定。

先设 $F(p)=\frac{a}{b+p^2}$；按上述的方程，p_0 和 p' 的值分别是

$$p_0=\sqrt{b},\ p'=g+\sqrt{b+g^2}=g+\sqrt{p_0{}^2+g^2}$$

（从方程(5)会得到一个令 p' 为负值的根，必须排除）在此情况下可见，p' 超出 p_0 的量要比 g 大，亦即要比生产成本增加的量大。

举例说，如果新的成本是原价格的 $\frac{1}{10}$，或即 $g=\frac{p_0}{10}$，就将有 $p'=p_0 1.1488$；增加的价格十分接近于原价格的 1.15（一又十分之1.5）；原价格为 20 法郎，成本为 2 法郎，新价格将为 23 法郎，而更精确的说法则是：22 法郎 97 生丁。*

再设 $F(p)=\frac{a}{b+p^3}$，将有 $p_0=\sqrt[3]{\frac{b}{2}}$，方程(5)将变为

$$2p^3-3gp^2-b=0$$

或 $$p^3-\frac{3}{2}gp^2-p_0{}^3=0$$

---

* 英译者注　文中的数字是法文原版中就有的，但作者显然犯了算术上的错误，即在实际计算时，将根式中的 $p_0{}^2+g^2$ 误认为 $p_0{}^2+g$ 了。正确的数字应为 $p'=p_0\times1.1050$，而新的价格是 22 法郎 10 生丁。

利用常用的解法，得

$$p'=\frac{1}{2}\{g+\sqrt[3]{g^3+4p_0{}^3+2\sqrt{2p_0{}^3(g^3+2p_0{}^3)}}$$

$$+\sqrt[3]{g^3+4p_0{}^3-2\sqrt{2p_0{}^3(g^3+2p_0{}^3)}}\}。$$

在本例中，p'超出 p_0 的量将小于 g。若 $g=\frac{1}{10}p_0$，将有 $p'=p_0\times1.0505$。所以，如果新的成本是原价格的十分之一，价格的增加量只有原价格十分之一的一半。设原价是 20 法郎，而增加的成本是 2 法郎，新价格将只有 21 法郎，或计算得更准确些，21 法郎 1 生丁。*

35. 上节得到的结果，很值得注意：它表明，对于处于垄断条件下的商品，生产成本的增加，虽导致价格的增加，但价格增加的量，却会因为函数 $F(p)$的形式的不同，亦即需求规律的不同，有时大于、有时小于生产成本的增加量；而且生产成本削减的量与商品价格下跌的量之间，也同样是不相等的。

由此又得出，如果新的成本不是由生产者本人负担，而是由消费者负担，或者由最终仍将转嫁到消费者身上的中间商负担，则这种生产成本的增长，按其性质，总会使消费者感到物品变得昂贵，从而总会减少生产者的纯收入，反映到价格上，又要看情况而定，或者使付给生产者的价格提高，或者使价格下降。

反过来，传送(transmission)费用，或即商品由生产者转到消费者的费用的削减，其效果，在有的时候是增加支付给生产者的价格，在另一情况下却可能减少这种价格；但无论何种情况，都将减

---

* 原文为 20 法郎 0.01 生丁，表达有误。——译者

少由消费者支付的最终价格，从而增加了生产者的纯收入。

原材料离开生产者之后，一切为准备最终消费而发生的开支，都必须因此而一视同仁地考虑为传送费用。

不过，这样的计算只能应用于如下的情况，即生产者的产量足以满足能使净收入为极大的需求，而且生产者还能为实现这个极大收入按需要的量降低价格。在其他情况下，无论是在成本改变之前或之后，无论改变的是生产成本还是传送费用，他都将尽其所能地生产。由消费者负担的成本价格将维持不变，因为在平衡而且又是大规模的条件下，不可能两种不同的价格销售掉数量相同的产品。所以，此时增加的成本，不论其根源为何，最终都必然由生产者负担。

第六章　论税收对垄断下商品的影响

36. 上一章结束时得出的结论，当然也可应用于税收理论。税负可认为是按照或多或少系统的计划，来调节的一种人为的费用，立法者纵使不能决定一般的税率，也至少有权决定其分配。结果，税收影响的理论，就成为政治经济学研究的一大对象。

税收的形式可有广泛的变化。在公共事务还受人秘密操纵时，人们把想出花样增加对国库的供应，而又不让人感到被征了税，看成是伟大的艺术。后来，按照一种一知半解的理论，又认为使税负尽可能均匀才是最理想的。但法国现时的财政立法，却等距地离开这两个极端，而且，虽然数目相当有限，承认本质上不同的税收方式，它出于实际而非理论的考虑，将税收方式划分为直接税和间接税两大类。根据一个地主或生产者假定的纯收入而征收的税款，是直接税。在商品到达消费者手里之前必须先付的税款，是间接税。我们想考察的也只是这两种税收。还应记住，本章只考虑由垄断控制其生产的商品。

如果对一个垄断的生产者收一种税，不管是固定的还是与他的纯收入成比例的，从前二章的解释即可明白，这种税对于他所生产的商品的价格，没有直接的影响，结果也不会影响生产的数量，也不以任何方式成为消费者的负担。它的唯一的直接结果是减少生产者的收入及资本化的财富。

甚至可以这样说，这种税只损害资财的第一位持有者、发明者，或一般地说，只损害收税时正从产业得利的人，以及无偿地获得产业的继承人。对于那些必须付钱才成为持有人的后继者，他们会根据减去税款后的产业纯收入，调整购买价格。如果产业已转到他们手中，而产业的资本价值下降，这才会成为他们的灾难。

即使这种税并不影响消费者，对公众利益来说，仍然是不利的，主要倒不是因为它减少了被征税生产者的财富，从而削弱了他作为消费者的能力，影响了其他物品的需求规律；主要是因为在生产者的收入中被税收抽走的部分，其运用的方式所产生的利益，较诸让生产者自己使用，对年产量的增加，对国家的财富以及对人民的物质享受，都要差些。我们不打算在这里考察，这样的税收对自然产品及劳动产品在分配上的影响，尽管这一影响无疑的是与财富理论有关的一切问题的最终对象。

但是，可以这样认为，而且也与所有权威们的见解一致，在所考虑的是比例税制的情况下，对生产者征税，即使并不妨碍人们，像在征税以前一样地以生产所得进行投资，它仍然是一种对创造新投资的障碍，甚至还是对改进原有投资的障碍。如果对投资的纯收入征税的结果，使投资者不能再从同类企业的资本中，获得原有的利益，他就不会以资本进行新的投资，也不会用资本改进现有的投资。这种税收堵塞了通向劳动就业与产业繁荣的通衢大道，征收过度，会有最灾难性的恶果。

奖励金，一种现时代的新发明，则是税收的对立物。借用代数学的表达方法，它们是一种负的税收，所以，对税收和奖励金可应用同样的解析公式。奖励金不同于税金的是它按生产总值计算；从来也没有人提出过给净生产值发奖励金。所以，我们仅仅是为了系统全面的缘故，才在这里把奖励金与针对收入，亦即净生产值收取的税金相提并论。

37. 税收可以是、一般也确实是如下地组成的。即对一种商品的每个单位、或对产值与 D 成比例的一批商品，征收固定的金额。它的效果与函数 $\phi'(D)$ 好像增加了一个常数值 i 相同。它的必然后果是增加了由消费者承担的费用，而且减少了消费或生产；但根据环境条件的不同，由消费者负担的费用的增长量，既可能大于、也可能小于 i。对生产者或消费者收税，不论是从谁的手中征收，也不论是在商品的什么阶段征收，其绝对效果，均无甚不同；仅仅在生产者是否事先付税款这一点上，会使表面效果有些变化；亦即，如果他是先付税，则商品脱手时的价格总会因税收而增加；在相反的情况下，价格有时会上升，有时却会下降。

不过，所谓的无论生产者是在事先或事后付税款，税收的绝对效果都一样，是只对本金而言，至于本金的利息引起的额外负担，则忽略未计。在商品必须多次转手才能到达消费者的情况，因为每个中间商都必须动用额外的资本，如果物品的税早已付过，商品卖给消费者的价格就要高些，其程度也正好与税款先期征集的时间成比例；对应的是，消费量也会进一步减少。所以，税金的支付迟些，如果可能的话由消费者来支付，对消费者、生产者甚至对国库，都很重要；虽然，从另一方面看，也有缺点，过分分散增加了税金征集的开支，税务部门的活动更加众目昭彰，从而招致大众亦即消费者更多的怨言。

38. 用 p_0 表示商品在税前的价格，用 p' 表示征税后的价格。p_0 将是方程

$$F(p)+[p-\psi(p)]F'(p)=0$$

的根，而 p' 则是方程

$$F(p)+[p-\psi(p)-i]F'(p)=0$$

的根。

若 i 的值相对于 p_0 的值，显得越小，下列式子近似的程度也成比例地越大：

$$p'-p_0=\frac{i[F'(p_0)]^2}{[F(p_0)]^2[2-\psi'(p_0)]-F(p_0)F''(p_0)}。$$

尽管价格增加，仍然购买这种商品的消费者负担的金钱损失，将是

$$(p'-p_0)F(p')；$$

国库的总得益将是

$$iF(p')；$$

所以，只要情况是

$$p'-p_0>i,$$

仅消费者的损失就将超过总得益；亦即，与生产者并未事先付税，但商品离开生产者时的价格却因征税而增加的情况，属于相同的性质。

由垄断者负担的纯收入损失，将是

$$\begin{aligned}&p_0F(p_0)-\phi[F(p_0)]-\{p'F(p')-\phi[F(p')]-iF(p')\}\\&=p_0F(p_0)-\phi[F(p_0)]-\{p'F(p')-\phi[F(p')]\}\\&\qquad+iF(p')。\end{aligned}$$

但因为 p_0 是使函数

$$pF(p)-\phi[F(p)]$$

取极大的 p 值，必定有

$$p_0F(p_0)-\phi[F(p_0)]>p'F(p')-\phi[F(p')],$$

所以，仅垄断者的损失也超过了国库的总得益。而由消费者负担的损失就没有任何补偿。遵此，魁奈(Quesnay)学派的理论，毫无疑问完全可以应用于垄断下的产品；这个理论是说，对垄断者的纯收入征收直接税，要优于对商品征收从量税。

用于商品消费的钱，在税前是 $p_0F(p_0)$，在税后变成$p'F(p')$，而且必有

$$p_0F(p_0)>p'F(p')。$$

这一结果来自刚证明的不等式：

$$p_0F(p_0)-\phi[F(p_0)]>p'F(p')-\phi[F(p')]$$

而由此结果，又得到另一不等式

$$\phi[F(p_0)]>\phi[F(p')],$$

这个不等式是自明的，因为生产成本的绝对数量，除非因产量减少而减少之外，不会改变。

能使国库总收入为极大的税率，即 i 的值可从下述方程获得

$$\frac{d[iF(p')]}{di}=F(p')+iF'(p')\frac{dp'}{di}=0,$$

而 p' 也是 i 的一个函数，由下述方程决定：

$$F(p')+[p'-\psi(p')-i]F'(p')=0。$$

39. 如果无论在征税之前或征税之后，生产者因为需求规律及生产性质的缘故，都无法满足会给他以最大利润的需求，他将以

同样的价格卖出他的全部产品，在征税前如此，在征税后也是如此。因为在事物的稳定条件下，对同样的产出量，不可能有两个价格。所以，税金将全由生产者负担。

根据上述似乎可以得出，国库在规定税金数量时，所受到的唯一限制，是不要吞噬掉生产者的全部纯收入。但是，这个结论并不确切，至少可以在一种情况中证明有差错；这就是，当 $\phi'(D)$ 随 D 而增加，而且同时又有 $p'-p_0>i$，在此，p_0 与 p' 分别是下述两个方程的根

$$(1)\qquad F(p)+[p-\phi'(D)]F'(p)=0,$$

$$F(p)+[p-\phi'(D)-i]F'(p)=0。$$

事实上，若 Δ 是不能超越的生产极限，而 π 是由关系式 $F(p)=\Delta$ 得到的 p 值，则必有 $\pi>p'$，而且，更不容置疑的是，$\pi>p_0+i$，而 i 正等于 $\pi-\frac{\phi(\Delta)}{\Delta}$。所以应有

$$\pi>p_0+\pi-\frac{\phi(\Delta)}{\Delta} \text{或} p_0<\frac{\phi(\Delta)}{\Delta}。$$

但是，如果 $\phi'(D)$ 真的是（按假设说的那样）随 D 而增加的函数，最后这个不等式肯定不能成立；因为，既然 p_0 小于 π，对应于 p_0 的需求 D_0 就大于 Δ，而且 $\frac{\phi(D_0)}{D_0}$ 也大于 $\frac{\phi(\Delta)}{\Delta}$；所以 p_0 就会小于 $\frac{\phi(D_0)}{D_0}$。p_0 的这个值，就会使生产者蒙受一份损失，从而就不可能是方程(1)的根。

40. 如果政府不是征税，而是发给垄断的生产者一笔奖励金，则发奖前的价格 p_0 将下降为 p'。按环境条件的不同，将有 p_0-

$p' \gtrless i$。国库的损失将是 $iF(p')$;在发放奖励金以前,就已经是这种商品消费者的人,将得益 $(p_0 - p')F(p_0)$,这个量与 $iF(p')$ 之间并无必然的关系。对于那些发过奖励金商品降价后才购买的消费者,不能认为这一奖励给了他们金钱上的利益;他们不过是把本来用到其他方向上的钱,改变到受奖励的方向来而已。

生产者的纯收入,因为奖励金而发生的变化是:

$$p'F(p') - \phi[F(p')] + iF(p') - [p_0F(p_0) - \phi[F(p_0)]]$$
$$= iF(p') - \{p_0F(p_0) - \phi[F(p_0)] - [p'F(p') - \phi[F(p')]]\}。$$

但,因为 p_0 是使函数

$$pF(p) - \phi[F(p)],$$

为极大的 p 值,所以总有

$$p_0F(p_0) - \phi[F(p_0)] > p'F(p') - \phi[F(p')],$$

所以,生产者得自奖励金的收益(一般说,在设立奖励金时考虑的利益,总是生产者的,而不是消费者的),基本上要比公众作出的牺牲小。

41. 税金也可以不是从量地、而是按销售价的某个比例来征收;换言之,税金不是用常数 i 而是用 np 这个项表示。[①] 在此情况下,如果商品的生产与交付,在生产者与消费者之间,没有可觉察的费用,价格由下述条件决定:生产者将获得最大的可能利润,或者说 $(1-n)pF(p)$ 将为极大,此处常因式 $(1-n)$ 的出现,丝毫也

① 在商品的成本中,有一部分费用与这样的税负相同,也是与成本成比例,这就是为商品行销过程中,所占用的资本而支付的利息。

未改变 p 的值；则税负将全部落到生产者头上，甚至有可能发展到吞掉他的全部纯收入。

在相反的、也是唯一能正常地成为事实的情况中，条件将是函数

$$(1-n)pF(p)-\phi(D)$$

应达到极大，或者说，应有

$$(2)\qquad F(p)+\left\{p-\frac{1}{1-n}\phi'[F(p)]\right\}F'(p)=0;$$

这就使征收这种税的效果与下述的效果绝对相同：生产这种商品，并将之送交给消费者所必需的各项成本，增加为原来的 $1+\frac{1}{1-n}$（或成本增加了$\frac{1}{1-n}$）；这是一个非常简单也值得注意的结果。

于是，其他环境条件不变时，这种性质的税收，将相当于更高更贵的生产及分销成本，或相当于商品价格中代表垄断者利益的比例，变得更小。

国库的总得益是 $np'F(p')$。使之取极大值的 n 值，由下述方程决定

$$\frac{d[np'F(p')]}{dn}=0,$$

或即：
$$p'F(p')+\frac{dp'}{dn}n[F(p')+p'F'(p')]=0。$$

继续购买这种商品的消费者蒙受的损失，将是 $(p'-p_0)F(p')$；这一损失是大于还是小于国库的总得益，要由 $p'-p_0\gtrless np'$ 或 $p'(1-n)\gtrless p_0$ 来决定。

生产者负担的损失将是：

$$
\begin{aligned}
&p_0F(p_0)-\phi[F(p_0)]-\{(1-n)p'F(p')-\phi[F(p')]\}\\
=&p_0F(p_0)-\phi[F(p_0)]-\{p'F(p')-\phi[F(p')]\}+\\
&np'F(p')。
\end{aligned}
$$

所以仅仅这一损失，就像其他税收情况一样，已经超过了国库的总得益。

42. 剩下还要讨论的是实物税（taxation *in kind*）对于垄断条件下商品价格的影响。因为各国的工业发展，正在使这种形式的税收日趋消失，所以，这里只作很简短的讨论。我们将只区分两种不同的情况。

实物税可能对如下的两类产品征收，一种是，要不是有这种税，就根本不会有这种消费，另一种是，收税也不影响其他消费者向生产者提出的需求。先假设，交纳的实物量等于常数 K。使函数极大，从而导出 p 值的方程，将变成

$$(3)\qquad F(p)+\{p-\phi'[F(p)+K]\}F'(p)=0,$$

而不再是

$$F(p)+\{p-\phi'[F(p)]\}F'(p)=0,$$

所以，这样的税是使物品的价格上涨还是下跌，要看在 D 的数值增加时，$\phi'(D)$是增还是减来决定。

其次，假设交纳的实物量与总产量成比例，即与总产量成$n:1$的比。能使生产者的利益达到极大的函数是

$$pF(p)-\phi\left[\frac{F(p)}{1-n}\right],$$

方程(3)则由下式代替

$$F(p)+\left\{p-\frac{1}{(1-n)}\phi'\left[\frac{F(p)}{1-n}\right]\right\}F'(p)=0。$$

另一方面，如果假定商品的消费规律，在征收实物税后仍与未征税前一样，在要交纳固定数量 K 的情况下，必须取极大值的函数，将为

$$p[F(p)-K]-\phi[F(p)],$$

而据以决定 p 值的，由该函数的微系数构成的方程为

$$F(p)-K+\{p-\phi'[F(p)]\}F'(p)=0。$$

在税收是总产量一定比例，或者说什一税的情况，求极大值的函数，呈

$$(1-n)pF(p)-\phi[F(p)],$$

它的导数或微系数，与方程(2)的左侧相同。于是，商品的价格，国库的得益，消费者的负担，生产者的损失等等，都将与已讨论过的一种情况绝对一样，即对商品征收的税与其价格成 $n:1$ 的比。

第七章　论生产者的竞争

43. 关于竞争的效果，每个人都有一个模糊的想法。理论本该使这种想法更加精确；然而，因为缺乏对待这个问题的正确观点，又因为需要求助于符号（在这个问题上，符号的使用已是必不可少的），经济学的作者们在改进这方面的通俗观念上，毫无建树。这些观念，在他们的著作中也像在通俗言谈中一样，也是概念不明、应用混乱。

为了使垄断这个抽象概念可以理解，我们设想过一处矿泉和一位业主。现在试设想两位业主和两处矿泉。矿泉的质量相同而且位置相当，它们都为供应同一市场而互相竞争。在此情况中，每位业主的价格必然相同。如果价格是 p，$D=F(p)$是总销售量，D_1 是矿泉（1）的销售量，D_2 是矿泉（2）的销售量，则 $D_1+D_2=D$。如果在开始时略去生产成本不计，两位业主的收入分别为 pD_1 和 pD_2；而且他们都各自独立地力图使这一收入尽可能地大。

这里强调各自独立地，而且，马上就可明白，这个限制极为重要；因为假如他们达成一个协议，以取得各自最大的可能收入，结果就会完全不一样，而且在涉及消费者的一切方面，都会与垄断条件下的毫无区别。

在现在情况下，不再像前面那样令 $D=F(p)$，采用反函数的

记法 $p=f(D)$ 将更加方便；于是，业主(1)和(2)的利润将分别表示为

$$D_1\times f(D_1+D_2)\text{和} D_2\times f(D_1+D_2),$$

也就是用含有两个变量 D_1 和 D_2 的函数来表达。

业主(1)对 D_2 的确定，不能有直接影响；他所能做的，只是在业主(2)已经决定 D_2 后，选择他最佳的 D_1 值。利用适当地调整价格的办法，他就可以做到这一点，除非业主(2)认识到，正被迫接受业主(1)所规定的价格和 D_1 的值，并且为了使利益胜过原来的 D_2 值，而采用一个新的 D_2 值。

解析地表示，这相当于说，D_1 将在

$$\frac{d[D_1 f(D_1+D_2)]}{dD_1}=0$$

的条件下由 D_2 来确定，而 D_2 又将在类似的

$$\frac{d[D_2 f(D_1+D_2)]}{dD_2}=0$$

的条件下，用 D_1 来确定。由此得出，D_1 和 D_2 的最终值，以及作为结果的 D 与 p，都将由方程组

(1)
$$f(D_1+D_2)+ \\ +D_1 f'(D_1+D_2)=0,$$
(2)
$$f(D_1+D_2)+ \\ +D_2 f'(D_1+D_2)=0$$

所决定。

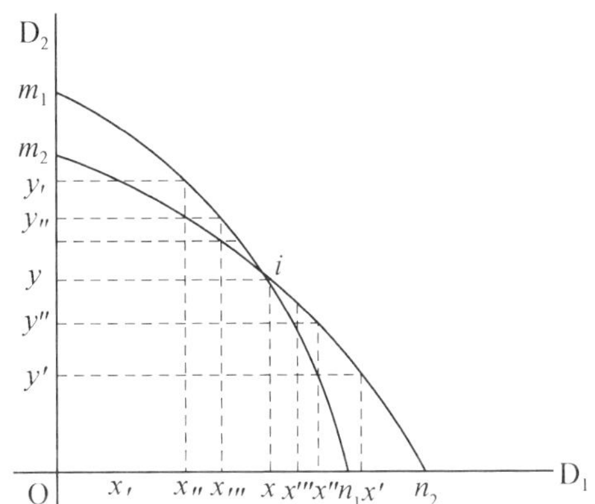

图　2

设曲线 m_1n_1(图 2)

是方程(1)的图像，而曲线

m_2n_2 是方程(2)的图像,变量 D_1 和 D_2 由直角坐标代表。若业主(1)为 D_1 选定了由 ox_1 代表的值,业主(2)就会为 D_2 选择 oy_1 这个值,这样才能在 D_1 所取值的条件下有最大的利润。但接着,生产者(1)为了同样的理由,应为 D_1 采用 ox_{11} 值,以便在 D_2 取 oy_1 值时得到极大利润。而这又会使业主(2)将 D_2 的值改为 oy_{11},以及如此等等;由上述,显然只有在交点 i 处的坐标 ox 与 oy 分别代表 D_1 和 D_2 时,才会建立起平衡。在图上于 i 点的另一侧的一个点,也重复了这一结构,得到了对称的结果。

因此,与 ox 和 oy 的一组值对应的平衡状态,是**稳定的**;这是说,假如有任一位生产者,在真正的利益所在上误入歧途,暂时离开了平衡状态,他将被一系列的反作用带回来,双方反应的幅度总是越来越小,图中的虚线就是双方调整步骤的代表。

上面的结构假设 $om_1>om_2$ 和 $on_1<on_2$;如果这两个不等式的符号相反,而且曲线 m_1n_1 和 m_2n_2 采取了图 3 中的位置,结果就完全相反。两曲线交点 i 的坐标不再对应于稳定平衡的状态。但易于证明,这样一种曲线位置是不能容许的。事实上,如果 $D_1=0$,方程(1)和(2)都将退化,第一个化为

$$f(D_2)=0,$$

而第二个化为

$$f(D_2)+D_2f'(D_2)=0。$$

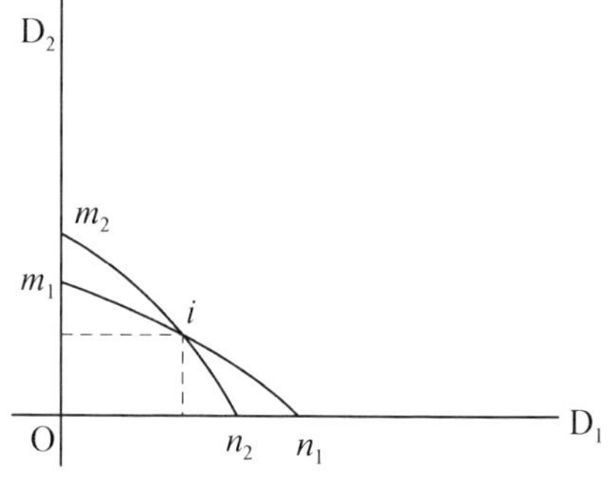

图 3

从第一式得到的 D_2 值,相当于 $p=0$:从第二式得到的

D_2 值所对应的 p 值，会使乘积 pD_2 为极大。所以第一个根必定比第二个大，或 $om_1 > om_2$，而且按同理，$on_2 > on_1$。

44. 从方程(1)和(2)可得出，$D_1 = D_2$(因为按假设，两处矿泉质量一样、位置相当，就应该有此关系)，再将这两个方程相加，得

$$2f(D) + Df'(D) = 0,$$

这个方程可转换成

$$(3)\qquad D + 2p\frac{dD}{dp} = 0,$$

与此对比，如果两处矿泉都属于同一业主，或者，如果两位业主达成某种谅解，p 的值就将由方程

$$(4)\qquad D + p\frac{dD}{dp} = 0$$

来确定，而且会使总收入 Dp 为极大，结果当然也会使每个生产者得到比由方程(3)推出的 p 值更多的收入。

那么，为什么缺乏谅解的生产者，不像垄断情况或建立联盟的情况那样，在真能给他们以最大收入的、得自方程(4)的 p 值上停下来呢？

理由在于，在生产者(1)根据方程(4)和 $D_1 = D_2$ 的条件，将生产固定下来之后，另一个可以将他的生产定得高或低一点并得到暂时的好处。当然，他很快就会因这个错误而受到惩罚，因为他将迫使第一位生产者，采取一种新的生产规模，而这样的反应却是对生产者(2)不利的。但是，这些相继发生的反应，非但不会引导两个生产者回到原来的〔垄断的〕条件，反而将使他们更远地背离这一条件。换言之，这个条件不是一种稳定的平衡条件；而且，虽然这种条件对两个生产者最有利，却只能靠正式的协议才能维持。

因为,既然在物体可考虑为完全刚性、结构完全致密等等的物质世界里,人们尚且会犯错误,就不能假设,人们在道德领域里会不犯错误、不缺乏远见了。

45. 方程(3)的根,在图像中可由直线 $y=2x$ 与曲线 $y=-\frac{F(x)}{F'(x)}$ 的交点确定;而方程(4)的根,却是同一曲线与直线 $y=x$ 的交点。但,如果对应于 x 的每个正而实的值,函数 $y=-\frac{F(x)}{F'(x)}$ 都有一个正而实的值,则仅用图 4 中的图像就足以证明,第一个交点的横坐标要比第二个交点的小。还易于证明,这一结果所需的条件,总能由需求规律的性质来实现。结论是,方程(3)的根总要小于方程(4)的;或者(正好像无需分析大家都会相信的那样),竞争的结果是降低价格。

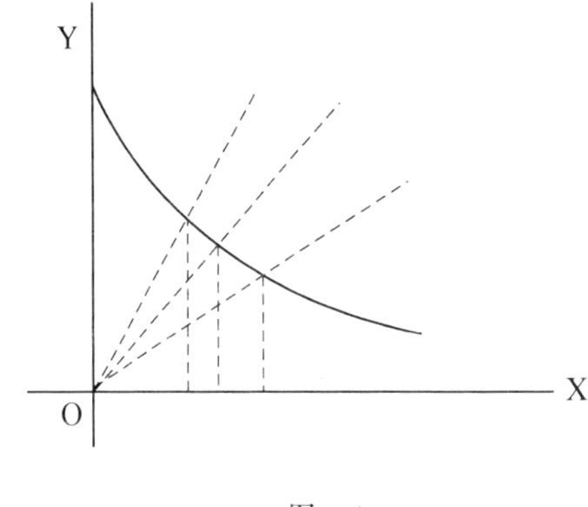

图 4

46. 如果有 3,4,…,n 位条件相同的生产者在竞争,方程(3)将对应地由下述的方程所代替:

$$D+3p\frac{dD}{dp}=0, D+4p\frac{dD}{dp}=0, \cdots D+np\frac{dD}{dp}=0;$$

而由此得到的 p 值,则会随着 n 的无限增加而无限减少。

在上述的所有内容中,一直都假设,生产者生产能力的自然限制,并不妨碍他们各自选择最有利的生产规模。现在再假设,除去具备上述条件的 n 个生产者之外,还另有一些已经达到其生产能力极限的生产者，而且这一类的总产量为 Δ；这时仍将有 n 个方程：

$$(5)\begin{cases} f(D)+D_1 f'(D)=0, \\ f(D)+D_2 f'(D)=0, \\ \cdots\cdots\cdots\cdots \\ f(D)+D_n f'(D)=0, \end{cases}$$

解这些方程，将得出 $D_1=D_2=\cdots=D_n$，而 n 个方程相加，又有

$$nf(D)+nD_1 f'(D)=0$$

但 $D=nD_1+\Delta$，因此

$$nf(D)+(D-\Delta)f'(D)=0,$$

或

$$D-\Delta+np\frac{dD}{dp}=0。$$

最后这个方程，相当于方程(3)，p 值以及 D 值都将由它确定。

47. 各个生产者所负担的生产成本，用函数 $\phi_1(D_1)$，$\phi_2(D_2)$，…，$\phi_n(D_n)$表示，方程(5)将成为

$$(6)\begin{cases} f(D)+D_1 f'(D)-\phi_1'(D_1)=0, \\ f(D)+D_2 f'(D)-\phi_2'(D_2)=0, \\ \cdots\cdots\cdots\cdots\cdots\cdots \\ f(D)+D_n f'(D)-\phi_n'(D_n)=0。 \end{cases}$$

用减法将这些方程中任两个组合在一起，例如，从第一个方程减去第二个，将有

$$D_1-D_2=\frac{1}{f'(D)}[\phi_1'(D_1)-\phi_2'(D_2)]$$

$$=\frac{dD}{dp}[\phi_1'(D_1)-\phi_2'(D_2)]。$$

因为$\frac{dD}{dp}$本质上是负的，所以，将同时有

$$D_1 \gtrless D_2 \text{ 和 } \phi_1{}'(D_1) \lessgtr \phi_2{}'(D_2)。$$

这是说，若让两个厂增加同等数量的产品时，工厂 B 花费的钱多于工厂 A 的，则工厂 A 原来的产量必大于 B 的。

作为具体的例子，设想有一批供应同一市场、相互竞争的煤矿。再设在一种稳定平衡状态下，A 矿年销售 20,000 百升，B 矿为 15,000 百升，可以肯定，要 B 矿再多供应 1,000 百升，要比让 A 矿多生产 1,000 百升的所需增加的费用要多。

A 矿的成本在一个较低的生产水平上反而超出 B 矿，也不是不可能。例如，如果两矿都把产量降至 10,000 百升，B 的生产成本就可能小于 A 的。

48. 将方程(6)相加，得

$$nf(D)+Df'(D)-\sum\phi_n{}'(D_n)=0,$$

或 (7) $$D+\frac{dD}{dp}\left[np-\sum\phi_n{}'(D_n)\right]=0。$$

如将此方程与各厂都听命于同一个垄断者时，同以决定 p 值的方程，即

(8) $$D+\frac{dD}{dp}\left[p-\phi'(D)\right]=0$$

相比，就可看到，一方面，用 np 代替 p，倾向于减少 p 的值，但另一方面，用$\sum\phi_n{}'(D_n)$代替 $\phi'(D)$ 又倾向于增大 p 的值，因为不仅是

$$\sum\phi_n{}'(D_n)>\phi'(D)$$

而且事实上，即使是诸 $\phi_n{}'(D_n)$的平均值也大于 $\phi'(D)$，亦即将有

不等式

$$\frac{\sum \phi_n{}'(D_n)}{n} > \phi'(D)。$$

为说明这一点，只要考虑，垄断地持有一种生产性产业的任何资本家，在必要时总宁可只营运成本最低的工厂，而让其余的闲着；相比之下，即使是最不走运的竞争者，只要能从工厂获得利润，无论利润多么微薄，总下不了关厂的决心。结果，在 p 值已知，或相应的总产量已知的情况下，竞争中生产者的生产成本，总要高于垄断条件下的。

剩下需要证明的是，由方程(8)得到的 p 值，总大于由方程(7)得到的 p 值。

为证明这一点，可用 $F(p)$ 代替 $\phi'(D)$ 中的 D，这样，马上可见，$\phi'(D)$ 变换成为函数 $\psi(p)$；至于进入求和表达式 $\sum \phi_n{}'(D_n)$ 中的每一项，根据关系式 $D=F(p)$ 以及方程(6)，也都可当成 p 的一个隐函数，结果，方程(7)的根将是曲线

$$(a) \qquad y=-\frac{F(x)}{F'(x)}$$

与曲线

$$(b)\ y=nx-[\psi_1(x)+\psi_2(x)+\cdots+\psi_n(x)]$$

交点的横坐标。而方程(8)的根将是曲线(a)与方程形式为

$$(b') \qquad y=x-\psi(x)\ 的$$

曲线交点的横坐标。

正如已经指出过的，方程(a)由曲线 MN(图5)代表，曲

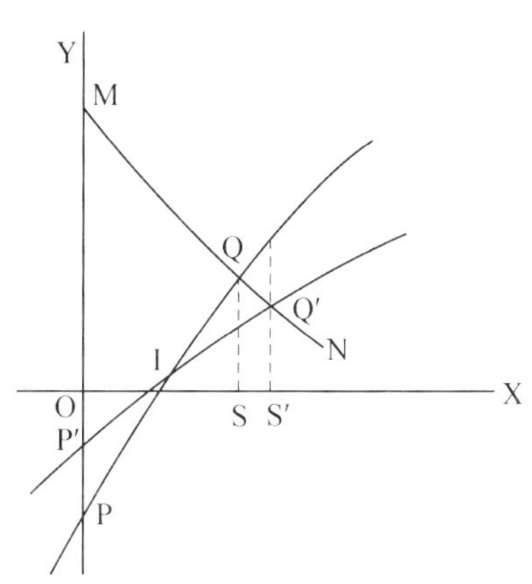

图　5

线的纵坐标总保持为正的实数；还可用曲线 PQ 代表方程(b)，用 $P'Q'$ 代表方程(b')。根据刚证明过的关系式，即

$$\sum \psi_n(x) > \psi(x)$$

可以发现，对于 $x=0$，$OP>OP'$。剩下还需要证明的是，$P'Q'$ 与 PQ 的交点 I 位于 MN 的下方，这样，点 Q' 的横坐标才会大于点 Q 的横坐标。

这就需要证明，在点 Q 和 Q' 处，对应于同一个横坐标，曲线(b)的纵坐标大于曲线(b')的纵坐标。

假如情况不是如此，就应该有

$$x-\psi(x)>nx-[\psi_1(x)+\psi_2(x)+\cdots+\psi_n(x)],$$

或 $$(n-1)x<\psi_1(x)+\psi_2(x)+\cdots+\psi_n(x)-\psi(x)。$$

$\psi(x)$ 是 $\psi_1(x)$，$\psi_2(x)$，…，$\psi_{n-1}(x)$，$\psi_n(x)$ 诸项中最大与最小之间的一个中间量；如果假设 $\psi_n(x)$ 表示序列中的最小项，如果上面的不等式成立，下面的不等式也一定成立：

$$(n-1)x<\psi_1(x)+\psi_2(x)+\cdots+\psi_{n-1}(x)。$$

于是，x 将小于不等式右侧 $n-1$ 个相加项的平均数；而在这些项中还有一些是大于 x 的。但这是不可能的，因为，譬如说，只要 p 变得小于 $\phi_k'(D_k)$ 或 $\psi_k(p)$，生产者(k)就会停止生产。

49. 所以，假如从方程(6)得到的 p 值在与关系式

(9) $$D_1+D_2+\cdots+D_n=D, \text{以及 } D=F(p),$$

结合后真的出现了不等式

$$p-\phi_k'(D_k)<0,$$

就有必要从方程(6)的名单中去掉方程

$$f(D)+D_k f'(D)-\phi_k'(D_k)=0,$$

而代之以

$$p-\phi_k'(D_k)=0,$$

它会确定作为 p 之函数的 D_k。方程(6)中剩下的与方程(9)组合，将确定问题中的其他未知量。

第八章　论无限竞争

50. 竞争的效果有它们的极限。当每个部分性产量 D_k 的大小，不仅对总产量 $D=F(p)$ 而且对导数 $F'(p)$ 都是微不足道的，以至可以从 D 减去部分性产量 D_k，仍不至于使商品的价格有任何可觉察的变化。到了这时，竞争的效果就已达到了它们的极限。这是从社会经济中数量众多的产品，其中还包括极其重要的产品，得出的一个假设。它大大地简化了计算，本章则要发展它的结果。

遵照这一假设，在方程

$$D_k+[p-\phi_k'(D_k)]\cdot\frac{dD}{dp}=0,$$

中，可以略去 D_k 项而不会有可觉察的误差，于是方程化为

$$p-\phi_k'(D_k)=0。$$

结果，上一节的方程组将为

(1)　　$p-\phi_1'(D_1)=0, p-\phi_2'(D_2)=0, \cdots p-\phi_n'(D_n)=0$

所替代。这 n 个方程与方程

(2)　　$D_1+D_2+\cdots D_n=F(p)$

一起，将决定所有的未知量 p 和 $D_1, D_2, \cdots, D_n$。

如果设想(1)中诸方程都已关于 $D_1, D_2, \cdots, D_n$ 有了解，方程(2)的左侧将变成 p 的一个函数，从而可用 $\Omega(p)$ 表达，故方程(2)

可写成非常简单的形式：

(3) $\Omega(p)-F(p)=0$，

在上述的假设中，所有的函数 $\phi_k{}'(D_k)$ 必须考虑成随 D_k 而增加。否则，产品的总值

$$pD_k=D_k\cdot\phi_k{}'(D_k)$$

就会小于生产成本

$$\phi_k(D_k)=\int_0^{Dk}\phi_k{}'(D_k)dD_k。$$

此外，在无限竞争的假设下，如果与此同时 $\phi_k{}'(D_k)$ 还真的是递降的函数，显然就再也没有什么因素可以限制该商品的生产。这就是说，只要有收益的资产或者赚得到租金的工厂，在其营运中要支付的开支 $\phi_k{}'(D_k)$ 属于降函数，就证明垄断的影响并未全部消灭，或者竞争的程度还不够，每个生产者的生产数量的变化，对商品的总产量及其价格，都有可觉察得到的影响。

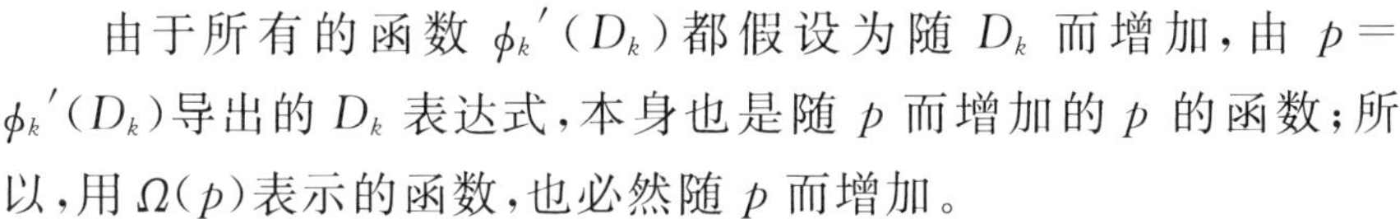

由于所有的函数 $\phi_k{}'(D_k)$ 都假设为随 D_k 而增加，由 $p=\phi_k{}'(D_k)$ 导出的 D_k 表达式，本身也是随 p 而增加的 p 的函数；所以，用 $\Omega(p)$ 表示的函数，也必然随 p 而增加。

51. 在上述的基础上再设想，像对商品征收一种从量的税那样，所有的函数 $\phi_k{}'(D_k)$ 都增加了一个量 u，方程(3)就由下面的方程代替

(4) $\Omega(p-u)=F(p)$。

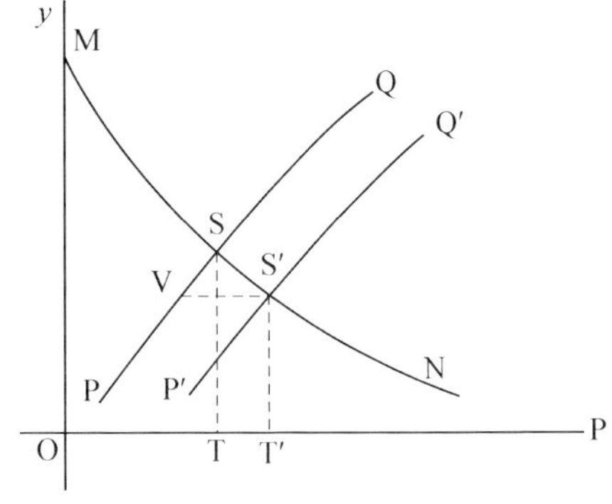

图 6

令 MN(图 6)是方程 $y=F(p)$ 的曲线，这一曲线的特征性质，是其切线总与横轴 p 的

正方向成钝角，或用另一种说法，导数 $F'(p)$ 总为负值。令 PQ 是方程 $y=\Omega(p)$ 的曲线，这一曲线的特征性质，正好与刚见到的相反，它的切线总与横轴的正方向成锐角。最后，令 $P'Q'$ 是方程

$$y=\Omega(p-u)$$

的曲线，这一曲线与 PQ 的关系是，所有平行于横轴的直线，如 VS'，在这两根曲线间的那一段，都等于 u。横坐标 OT 和 OT' 分别表示方程(3)与方程(4)的根，并可记作 p_0 和 p'。但从曲线 MN 的形状，显然有 $OT'>OT$ 或 $p'>p_0$，所以还得出：生产成本的增加总伴有商品价格的增加。从曲线 PQ 和 $P'Q'$ 的形状，还同样明显地看到，TT' 总小于 VS' 或 $p'-p_0<u$，也就是说，在任何情况下，涨价的幅度都将小于成本增加的程度。

在图中，曲线 PQ 和 $P'Q'$ 都假定为凸面向着 y 轴，但如将曲线画成凹面向着 y 轴，结果仍然不变。

这个定理可以用解析的方式来证明，只是，为了论证的方便，有必要将增加的 u 以及差数 $p'-p_0=\delta$，都考虑为很小的量，这样就可以忽略它们的平方项及高次幂项。遵此，方程(4)将化为

$$(\delta-u)\Omega'(p_0)=\delta F'(p_0)。$$

但 $\Omega'(p_0)$ 大于零而 $F'(p_0)$ 小于零，由此，δ 应与 $\delta-u$ 异号，而这一点包含了下述两个条件

$$\delta>0 \qquad 和 \qquad \delta<u。$$

此外，按照第 32 节中的说明，这个证明可推广到 u 和 δ 的任何值。

曲线 MN 越接近于平行横轴的直线，或者说，消费量因价格变化而发生的变化越小，则差数 $p'-p_0$ 显然会更接近于与 u 相等。

由此又进一步得到，即使是在商品离开生产者之后才加诸于

它的费用，也总是减少生产者得到的价格。

52. 为计算这种变化对生产者和消费者之利益的影响，有必要注意，如果分别用$[\phi_k'(D_k)]_0$和$[\phi_k'(D_k)]'$代表成本增加u之前及之后，与D_k对应的$\phi_k'(D_k)$的值，将有

$$[\phi_k'(D_k)]_0=p_0 \quad 和 \quad [\phi_k'(D_k)]'=p'-u,$$

但因为$[\phi_k'(D_k)]'<[\phi_k'(D_k)]_0$，又有$(p'-u<p_0)$；所以，由于$\phi_k'(D_k)$是随变量$D_k$而增加的函数，有

$$[D_k]'<[D_k]_0;$$

所以，无可置疑地，乘积$(p'-u)[D_k]'$小于$p_0[D_k]_0$。

作为成本增加u的结果，生产者(k)的损失包括：

1. 价格p_0与$p'-u$的差价乘以生产量$[D_k]'$或

$$(p_0-p'+u)[D_k]';$$

2. 因为增加成本而减少的那一部分产量$[D_k]_0-[D_k]'$的净利润，或

$$p_0([D_k]_0-[D_k]')-([\phi_k(D_k)]_0-[\phi_k(D_k)]')。$$

所以，他蒙受的总损失将为

$$p_0[D_k]_0-(p'-u)[D_k]'-([\phi_k(D_k)]_0-[\phi_k(D_k)]')。$$

函数$\phi_k'(D_k)$在定积分的上下限之间增加得越快，这个损失将变得越小，在此，积分用$\phi_k(D_k)$表示。

所以，由众多生产者承担的总损失将为

$$p_0D_0-(p'-u)D'-\sum([\phi_k(D_k)]_0-[\phi_k(D_k)]'),$$

此处符号$\sum$表示关于下标k求和。

同一表达式还可写成

$$uD'+p_0D_0-p'D'-\sum([\phi_k(D_k)]_0-[\phi_k(D_k)]');$$

但并不能像第 38 节中的类似情况那样证明，这个损失大于 uD'，在第 38 节中，uD'表示在对商品征收从量税 u 时的税金收入。相反，由于$(D_k)_0>(D_k)'$，总有

$$[\phi_k(D_k)]_0>[\phi_k(D_k)]',$$

如果，除此之外还进一步有 $p'D'>p_0D_0$，亦即，如果 p_0 值小于使 pD 为极大的 p 值（见第 24 节），众多生产者蒙受的总损失必然小于 uD'。

不顾价格增加，仍然购买该商品的消费者蒙受的损失，将等于

$$(p'-p_0)D'。$$

因为总有 $p'-p_0<u$，若只算这一损失，就会小于税金收入 uD'。

53. 如果向这种商品征收的税 np，不是从量的，而是与销售价格成比例的，或者，这个商品要负担一种其作用与这种税相仿的成本项目（见第 41 节），则方程

$$p-\phi_k{}'(D_k)=0。$$

要由

$$(5)\qquad p-\phi_k{}'(D_k)-\frac{d(np\cdot D_k)}{dD_k}=0$$

所代替。将式中的导数算出来，这个方程变为

$$p-\phi_k{}'(D_k)-np-nD_k\cdot\frac{dp}{dD_k}=0$$

因为，按照无限竞争的假设，D_k 是总产量的微不足道的一个分量，$\frac{dp}{dD_k}$也同样是微不足道因而可以忽略的量，于是上式又进一步简化为

$$p(1-n)-\phi_k{}'(D_k)=0;$$

所以就有了替代方程(3)的

$$(6)\qquad \Omega[(1-n)p]-F(p)=0;$$

亦即,征收这样的税导致的价格增加,与商品的生产与分销过程中所必需的全部开支,按 $1:\dfrac{1}{1-n}$ 的比增加,所造成的后果一样;这个结果,与垄断情况下得到的完全类似。所以,必须负担更多生产开支的生产者,受这种性质税收的影响更严重。

无论对商品征收的是什一税,或是像西班牙政府,对美洲的金银矿征收的与产量成比例的实物税,都仍然可得到同样的观察结论。因为,如果用 n 表示政府对总产量征收的比率,而且就自然而然地假设,这个税并未改变商品的消费规律,则方程(5)与(6)也可应用于这一假设。

54. 现在考虑,这些生产者中其产量用 D_k 表示的一位具体的生产者。生产者的净收益或投资的收入(经理人员的得益已包括在营运开支之中)将为

$$(7)\qquad pD_k-\int^{Dk}\phi_k{}'(D_k)dD_k,$$

或,如果用 p 的值 $\phi_k{}'(D_k)$来代替 p,则有

$$(8)\qquad \phi_k{}'(D_k)\cdot D_k-\int_0^{Dk}\phi_k{}'(D_k)\cdot dD_k。$$

这是表示为金钱的净收益或收入的表达式;但如果我们想要实物形式的收益,或所生产物品量的表达式,这些实物的价值,代表了物主或生产者(k)的净收益,上面的表达式应该除以 $p=\phi_k{}'(D_k)$,于是就应有

$$(9)\qquad D_k-\frac{1}{\phi_k{}'(D_k)}\cdot\int_0^{Dk}\phi_k{}'(D_k)\cdot dD_k$$

必须记住，函数 $\phi_k{}'(D_k)$的本质特点是随 D_k 而增加。

如果其他情况维持不变，价值 p 以及作为结果的 D_k 有了增加，显然租金将增加，但这不是那么明显的，而且经济学家甚至已经在实物租的情况下，否认有增加。但如果让表达式(9)关于 D_k 求导，而且如果令微系数等于零，以便确定能使这个表达式为极大或极小的 D_k 值，则在化简后有

$$\frac{d\phi_k{}'(D_k)}{dD_k}\cdot\int_0^{Dk}\phi_k{}'(D_k)\cdot dD_k=0,$$

或更简单地

$$\frac{d\phi_k{}'(D_k)}{dD_k}=0,$$

这是一个不可能满足的条件，因为按函数 $\phi_k{}'$的性质，它总是随 D_k 而一直增加。所以表达式(9)不可能有任何[极大或]极小值；而且因为它显然一开始就是个增函数，它必然一直随 D_k 而增加。

如果单个生产者(k)的各项费用都下降，而且这一情况，对该商品的总产量以及价格，都没有什么可觉察的影响，租金就将增加；但是在费用的下降影响到所有生产者的情况，由此而造成的该商品的降价，势必大得使每个生产量的收入或租金都将减少。

第九章　论生产者的相互关系

55. 商品以离开第一位生产者时的形式被消费掉的极少。通常，同一种原料会用于若干种不同产品的制造，反过来，这些更适宜于直接消费的产品，又都需用若干种不同的材料。显然，原材料的每一位生产者，都一定会设法从自己的生意中获取最大可能的利益，所以，就有必要探讨，作为最终产品消费规律之结果的利润，在每个人之间分配的规律。这种利润是所有生产者作为一个整体取得的。本章所作的简短概要，将足以阐明，我们称之为不同产品生产者之间相互关系的影响，这是一种不能与同种商品生产者之间的竞争相混淆的关系，后者我们已在前二章中分析过了。

为了有条不紊地从简到繁，先想象有两种商品(a)与(b)，它们除去合起来在复合商品(ab)的制造中消费之外，别无他用；在开始时，我们将不考虑生产每一种原材料的开支，以及利用原材料形成复合商品的成本。

只是为了叙述方便，姑且称它们是铜、锌和黄铜，并假设铜和锌除去组成黄铜合成之外，再无别用，还假设，铜和锌的生产成本，以及制造合金的成本都可以忽略。

令 p 是每公斤黄铜的价格，p_1 是每公斤铜的，p_2 是每公斤锌的；m_1 ∶ m_2是黄铜中铜和锌的比，所以，按照假设，应有

$$(a)\qquad m_1p_1+m_2p_2=p。$$

一般地，令 p，p_1 和 p_2 分别表示每单位复合商品(ab)、各种组分商品(component commodities)(a)与(b)的价格；令 m_1 和 m_2 是每单位复合商品中，组分商品(a)与(b)的单位数(或单位的分数)。

此外，对复合商品的需求，用 D 表示：

$$D=F(p)=F(m_1p_1+m_2p_2)$$

而且

$$(b)\qquad \begin{cases} D_1=m_1F(m_1p_1+m_2p_2), \\ D_2=m_2F(m_1p_1+m_2p_2), \end{cases}$$

分别是对每种组分商品的需求；如果假设每个组分都由一个垄断者控制，而且，如果对于生产者之间相互关系的理论，也应用分析竞争效果时同样的推理方法，就可认识到，p_1 和 p_2 的值系由下述两方程决定：

$$\frac{d(p_1D_1)}{dp_1}=0,和\frac{d'(p_2D_2)}{dp_2}=0,$$

在展开后有

$$\begin{cases} F(m_1p_1+m_2p_2)+m_1p_1F'(m_1p_1+m_2p_2)=0, & (1) \\ F(m_1p_1+m_2p_2)+m_2p_2F'(m_1p_1+m_2p_2)=0; & (2) \end{cases}$$

除去由这些方程得到的一组值之外，再无其他值能与一种稳定平衡的状态相一致。

56. 为证明这一命题，只要证明，曲线 m_1n_1 和 m_2n_2(在以变量 p_1 和 p_2 表示直角坐标轴的假设下，它们是方程(1)和(2)的图像)的相对位置，总不外乎图 7 和图 8 之一种就行了。因为，如果

这点得到承认，就可像在第七章中一样，用同样的结构，用两个图中的虚线，充分地指出，交点 i 的坐标（或方程(1)和(2)的根），是与稳定平衡唯一一致的 p_1 与 p_2 值。

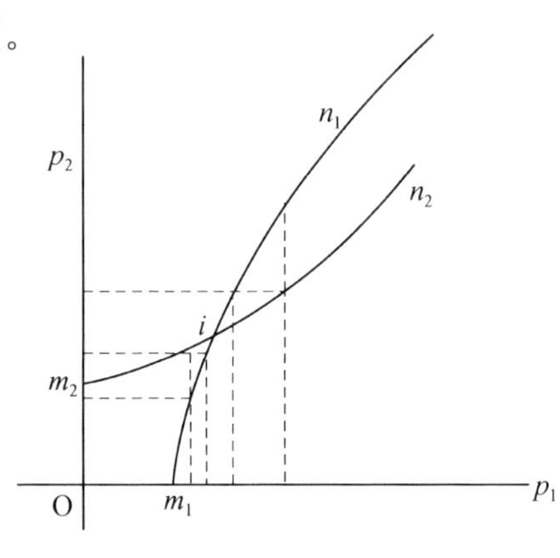

图 7

从图上可以观察到，当 p_2 等于零时，p_1 是一有限值 Om_1，亦即是使乘积 $p_1F(m_1p_1)$ 成为极大的值。接着，随着 p_2 增加，能为生产者(1)谋取最大利润的 p_1 值，会继续增加（如图 7 的情况），或继续减少（如图 8 的情况）；但即使是在后一假设条件下，它也绝对不会变成零。这两种情况中何种会发生，既要看函数 F 的形式，又要看

$$\frac{[F'(p)]^2-F(p)\cdot F''(p)}{2[F'(p)]^2-F(p)\cdot F''(p)}\lessgtr 0。$$

在这个不等式里，p 表示由方程(a)决定的 p_1 与 p_2 的函数。

但由于方程(1)和(2)和上面这个不等式关于 m_1p_1 和 m_2p_2 是对称的，就会有这样的结果：只要函数 F 的形式会使曲线 m_1n_1 上 p_2 的纵标随着 p_1 的值而增加，则曲线 m_2n_2 上 p_1 的横标也随着 p_2 的值而增加，所以，这两条曲线会取图 7 所示的位置。反之，当曲线 m_1n_1 上的 p_2

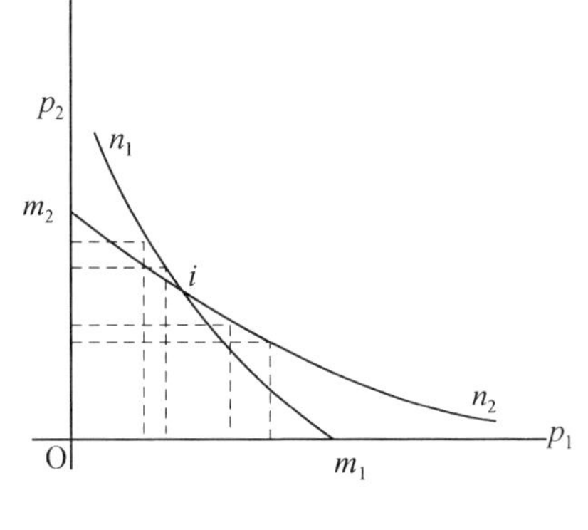

图 8

的纵标因 p_1 值的增加而减少时，曲线 m_2n_2 上的 p_1 的横标也因 p_2 值的增加而减少，于是，这两条曲线会取图 8 所示的位置。

57. 由于方程(1)和(2)可考虑为确定的，作为上面讨论的结果，这两个方程马上给出

$$m_1p_1=m_2p_2=\frac{1}{2}p;$$

这就是说，根据所考虑的纯粹抽象的假设，利润将由两位垄断者均分。而且，事实上也不存在应该不平均划分、让这个多些那个少些的任何理由。

将方程(1)和(2)相加，可推导出

$$(c)\qquad F(p)+\frac{1}{2}pF'(p)=0$$

而如果这两位生产者的利益还是混杂不清的，p 可以用 $pF(p)$ 应取极大值的条件来确定，亦即由下面的方程来确定：

$$(c')\qquad F(p)+pF'(p)=0$$

要证明这种区分的准确性，应该不差分毫地运用处理生产者之间的竞争时，曾使用过的同样的推理方法。

但是，二者之间也有重要而且极其明显的差别：方程(c)的根，总大于方程(c')的，以至于若垄断者认为利益背离而各行其是，复合商品的制造费用，就要比垄断者为双方的利益而联合时更加昂贵。为垄断者利益而联合，在本例中也同样给消费者以好处，这正好与竞争性生产者之间发生过的相反。

此外，方程(c)的根的值大于方程(c')这一点，也可以像在处理竞争问题的那一章一样，用同样的图像分析来证明，当时，我们利用这个图像分析是要确立相反的结果。

如果假设为相互联系的商品，不是只有两种而是有 n 种，方程(c)显然要被

$$F(p)+\frac{1}{n}pF'(p)=0$$

所取代，并得出结论，如此相互联系的商品越多，各垄断者自行其是时决定的价格，高出他们联合时定的价的量，就越大。

58. 函数 F 有可能取某种形式，使代表方程(1)和(2)的曲线不能相交；例如，假如是

$$F(p)=\frac{a}{b+p^2}$$

方程(1)和(2)就变为

$$b-m_1^2p_1^2+m_2^2p_2^2=0 \quad 和 \quad b+m_1^2p_1^2-m_2^2p_2^2=0$$

它们代表共轭双曲线的两个分支(图 9)，分支 m_1n_1 和 m_2n_2 有一条共同的渐近线，而且永不相交。这类在分析中遇到的特殊情况，只要一句简短的说明就够了，即它们对实际事件不能有任何应用。

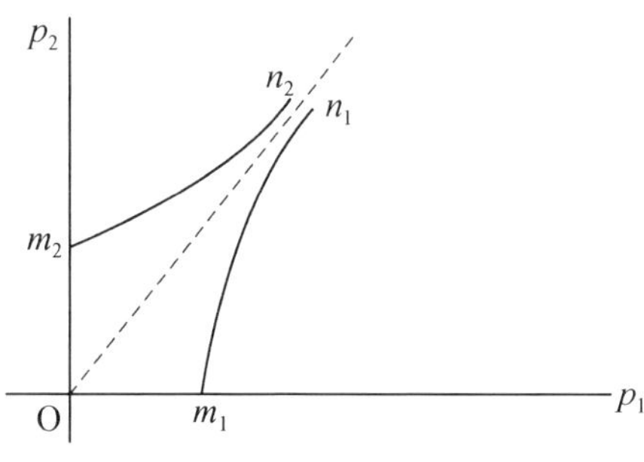

图 9

如果假设方程(1)和(2)的根规定了一个 p 值，而且随之而定的 D 值超过了任一生产者能供应的量，就可能出现另一种同类的特殊情况。令 Δ 是 D 不能逾越的极限，因为组分商品之一的生产受到了必要的限制；而 π 则是根据关系式 $D=F(p)$ 确定的 p 的对应极限。所以将有

$$m_1p_1+m_2p_2>\pi,$$

也就是说，变量 p_1 和 p_2 只能是位于直线 h_1h_2 上方的坐标（图10），该直线的方程则是

$$m_1p_1+m_2p_2=\pi;$$

从而，如果 m_1n_1 和 m_2n_2 两曲线的交点 i，落在直线 h_1h_2 的下方，i 的坐标就不能成为 p_1 和 p_2 的值。由此，如有必要借助于上述的构图法，可作的结论是：只受这一条件约束的 p_1 和 p_2 值是不定的，而且，以这些变量的值作为坐标的点，落在直线的 k_1k_2 段上，k_1k_2 是直线与曲线 m_1n_1 和 m_2n_2 相交，两交点之间的一段。

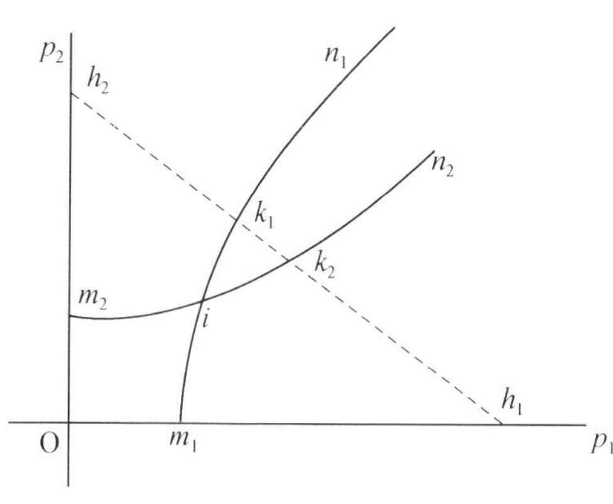

图　10

这个异乎寻常的结论，只能在讨论本书所述的性质抽象的假设时，才会出现。在实际生活的秩序里，而且在将经济系统中的所有条件都考虑到之后，显然就决不会有什么商品，其价格是完全不定的。

59. 现在把两种组分商品的生产成本也考虑进去，并分别记作 $\phi_1(D_1)$ 和 $\phi_2(D_2)$。现在 p_1 和 p_2 的值将由二个方程：

$$(d)\begin{cases}\dfrac{d[p_1D_1-\phi_1(D_1)]}{dp_1}=0,\\[2ex]\dfrac{d[p_2D_2-\phi_2(D_2)]}{dp_2}=0,\end{cases}$$

求得，而这两个方程，根据方程(a)与(b)的推理，又成为

$$(e_1)\ F(m_1p_1+m_2p_2)+m_1F'(m_1p_1+m_2p_2)\cdot[p_1-\phi_1{}'(D_1)]=0,$$

$$(e_2)\ F(m_1p_1+m_2p_2)+m_2F'(m_1p_1+m_2p_2)\cdot[p_2-\phi_2{}'(D_2)]=0。$$

由此二方程，又可得

$$m_1[p_1-\phi_1{}'(D_1)]=m_2[p_2-\phi_2{}'(D_2)],$$

或根据条件

$$\frac{m_1}{m_2}=\frac{D_1}{D_2},$$

有 $$D_1[p_1-\phi_1{}'(D_1)]=D_2[p_2-\phi_2{}'(D_2)]。$$

由最后这个式子得出，如果函数 $\phi_1{}'(D_1)$和 $\phi_2{}'(D_2)$退化为常数，这两位协作的生产者将有相等的纯利润。但在函数 $\phi_1{}'(D_1)$和 $\phi_2{}'(D_2)$分别对应着 D_1 和 D_2 而变化的，更为一般的情形中，就不再如此了。这两位生产者的纯利润将表达成

$$D_1\left[p_1-\frac{\phi_1(D_1)}{D_1}\right]\text{和 }D_2\left[p_2-\frac{\phi_2(D_2)}{D_2}\right];$$

所以，如果譬如说有

$$\phi_1{}'(D_1)>\frac{\phi_1(D_1)}{D_1}\text{和 }\phi_2{}'(D_2)<\frac{\phi_2(D_2)}{D_2},$$

生产者(1)的纯利润就会大于生产者(2)的。从方程(a)和方程(e_1)及(e_2)，还可进一步推得

$$(f)\ 2F(p)+F'(p)[p-m_1\phi_1{}'(D_1)-m_2\phi_2{}'(D_2)]=0,$$

$$m_1p_1=\frac{1}{2}[p+m_1\phi_1{}'(D_1)-m_2\phi_2{}'(D_2)],$$

和 $m_2 p_2 = \frac{1}{2}[p - m_1 \phi_1'(D_1) + m_2 \phi_2'(D_2)]$。

但,如果在垄断者之间存在某种联合,方程(f)就会被

$$(f')\ F(p) + F'(p)[p - m_1 \phi_1'(D_1) - m_2 \phi_2'(D_2)] = 0$$

所取代。

求助于已经在类似情况下提供过帮助的图像表示法,易于看清,方程(f)的根要大于方程(f')的,所以,垄断者们各行其是的结果是增加价格。

60. 到此为止,我们一直未曾考虑以下的费用:利用原材料制成复合商品,将复合商品运到消费市场,可能征收的税金等。

但,如果像通常所见的情形那样,假设这些开支与生产出来的商品量成比例,而且每单位制成品分摊到的开支用常数 h 表示,则方程(a)将由

$$p = m_1 p_1 + m_2 p_2 + h$$

代替,而方程(f)也换成

$$2F(p) + F'(p)[p - h - m_1 \phi_1'(D_1) - m_2 \phi_2'(D_2)] = 0。$$

所以,增加这些开支的效果与下述的完全一样,即它们似乎直接由生产者(1)和(2)负担,而且各自负担的量形成 m_1 对 m_2 之比。

61. 将假设中的限制条件再放松一些:每个组分商品除去合起来制成复合商品之外,还允许有其他用途。仍如以前那样,令 $F(p)$是对复合商品的需求,令 $F_1(p_1)$和 $F_2(p_2)$分别表示商品(1)和(2)除去用于制造复合商品外的其他需求。p_1 和 p_2 的值仍由方程(d)规定,但将有:

$$D_1=F_1(p_1)+m_1F(m_1p_1+m_2p_2),$$

和
$$D_2=F_2(p_2)+m_2F(m_1p_1+m_2p_2),$$

因为 D_1 和 D_2 的这两个表达式，方程(d)变成：

$$F_1(p_1)+m_1F(m_1p_1+m_2p_2)$$
$$+[F_1{}'(p_1)+m_1^2F'(m_1p_1+m_2p_2)][p_1-\phi_1{}'(D_1)]=0,$$
$$F_2(p_2)+m_2F(m_1p_1+m_2p_2)$$
$$+[F_2{}'(p_2)+m_2^2F'(m_1p_1+m_2p_2)][p_2-\phi_2{}'(D_2)]=0。$$

这些表达式已嫌过分复杂，难以从它们推导出任何普遍性的结果。所以我们不事恋战，而转向一种更为重要的情形，以便可以像希望的那样，按普遍性的方式加以处理。这就是同时使用的两种组分商品，是在无限竞争的影响下生产的情形。

62. 按照第八章研究的理论，现在得到两个方程组：

$$(a_1)\begin{cases}p_1-\bar{\phi}_1{}'\bar{D}_1=0,\\ p_1-\bar{\phi}_2{}'\bar{D}_2=0,\\ \cdots\cdots\\ p_1-\bar{\phi}_n{}'\bar{D}_n=0;\end{cases}\qquad (a_2)\begin{cases}p_2-\bar{\bar{\phi}}_1{}'\bar{\bar{D}}_1=0,\\ p_2-\bar{\bar{\phi}}_2{}'\bar{\bar{D}}_2=0,\\ \cdots\cdots\\ p_2-\bar{\bar{\phi}}_n{}'\bar{\bar{D}}_n=0。\end{cases}$$

在字母 ϕ 与 D 上方，根据它们是与商品(1)或商品(2)有关，分别加了一根或二根横线，这些字母的下标则用以区别两组方程中的生产者。

下列的两个方程，应与方程组(a_1)与(a_2)合在一起考虑。

$$(b_1)\quad \bar{D}_1+\bar{D}_2+\cdots+\bar{D}_n=F_1(p_1)+m_1F(m_1p_1+m_2p_2),$$

$$(b_2)\quad \bar{\bar{D}}_1+\bar{\bar{D}}_2+\cdots+\bar{\bar{D}}_n=F_2(p_2)+m_2F(m_1p_1+m_2p_2)。$$

若从方程组(a_1)和(a_2)推导出作为 p 的函数的 $\bar{D}_1,\bar{D}_2,\cdots$ 和 $\bar{\bar{D}}_1,\bar{\bar{D}}_2,\cdots$，方程($b_1$)和($b_2$)将取如下形式

$$(3)\qquad \Omega_1(p_1)=F_1(p_1)+m_1F(m_1p_1+m_2p_2),$$

(4)　　$\Omega_2(p_2)=F_2(p_2)+m_2F(m_1p_1+m_2p_2)$,

在此,$\Omega(p_1)$表示是 p_1 的函数,随 p_1 而增加;$\Omega(p_2)$表示是 p_2 的函数,随 p_2 而增加。

假设商品(1)的生产要增加一项开支 u,就像征收了从量税一样。在成本增加之前,p_1 和 p_2 的值由方程(3)和(4)决定,现在变成了 $p_1+\delta_1$ 和 $p_2+\delta_2$,而 δ_1 和 δ_2 则由下述方程决定:

(5)　　$\Omega_1(p_1+\delta_1-u)$

$$=F_1(p_1+\delta_1)+m_1F(m_1p_1+m_2p_2+m_1\delta_1+m_2\delta_2),$$

(6)　　$\Omega_2(p_2+\delta_2)$

$$=F_2(p_2+\delta_2)+m_2F(m_1p_1+m_2p_2+m_1\delta_1+m_2\delta_2)。$$

如果承认,与 p_1 和 p_2 相比,u,δ_1 和 δ_2 都是很少的分值,它们的除去一次项之外的高次幂项,均可在计算中略去,则方程(5)与(6)因方程(3)与(4)之故,变成

$$\delta_1\{\Omega_1'(p_1)-F_1'(p_1)-m_1^2F'(m_1p_1+m_2p_2)\}$$
$$-\delta_2m_1m_2F'(m_1p_1+m_2p_2)=u\Omega_1'(p_1),$$

和　　$-\delta_1m_1m_2F'(m_1p_1+m_2p_2)$

$$+\delta_2\{\Omega_2'(p_2)-F_2'(p_2)-m_2^2F'(m_1p_1+m_2p_2)\}=0。$$

为简化符号的记法,以后将到处用 Ω_1'代替 $\Omega_1'(p_1)$,用 F'代替 $F'(m_1p_1+m_2p_2)$等等。最后,令

$$Q=\Omega_1'\Omega_2'-\Omega_1'F_2'-\Omega_2'F_1'-m_2^2F'\Omega_1'-m_1^2F'\Omega_2'$$
$$+F_1'F_2'+m_1^2F'F_2'+m_2^2F'F_1'。$$

由该式并由上面的两个方程,又推得:

(7)　　$\delta_1=\dfrac{u}{Q}\cdot(\Omega_1'\Omega_2'-\Omega_1'F_2'-m_2^2F'\Omega_1')$,

和　(8)　　$\delta_2=\frac{u}{Q}\cdot m_1 m_2 \Omega_1{}' F'$。

若考虑到,量 $\Omega_1{}'$ 和 $\Omega_2{}'$ 本质上是正的,而量 F',$F_1{}'$ 和 $F_2{}'$ 本质上是负的,则考察 δ_1 和 δ_2 的值,会观察到下述的结果:

1. δ_1 与 u 同号;因为 $\frac{\delta_1}{u}$ 等于一个其分子分母均由正项组成的分式。

2. δ_1 比 u 小;因为在上面讲的分式中,分母除含有分子中的一切项之外,还含有几个全为正的项。

3. δ_2 与 δ_1 异号;因为分式 $\frac{\delta_1}{u}$ 的分母也是分式 $\frac{\delta_2}{u}$ 的分母,但后一分式的分子是个负项。

虽说上述结论是在 u,δ_1 和 δ_2 相对于 p_1 和 p_2 是非常小的假设下才取得的,但这个限制却易于消除:只要假设,不论何种成本的任何增加,都通过相继的许多很小的增量来实现。因为量 Ω' 和 F' 的符号,不会从一个状态到另一状态的过程中改变,上面在 u,δ_1 和 δ_2 之间发现的基于微小组成部分的关系,也将在微小组成部分的和数之间保持(第 32 节)。

结果就是,商品(1)生产中成本的任何增加,都将增加该商品的价格,不过,价格的增加要小于成本的增加;与此同时,商品的价格都将下降。

利用独立于上述计算的推理方法,也易于证明所有这些结论的必然性。如果商品(1)的价格在成本上升的影响下不增加,生产者势必要限制其产出以避免损失,而当供应量减少时,不让价格上升却是不可能的。所以说,商品的价格必须上升,但上升的量又必须小于成本的增加，不然的话，生产者就没有理由要限制该商品的产出。最后，因为商品(1)的消费量，无论是用于制造复合商品的还是其他用途的，都变小了，必然会有商品(2)的消费或生产也变小的后果；而且，因为这个商品没有受到增加生产成本的限制，制约这种产品生产的只能是价格的下降。

复合商品的两个组分商品，价格变化 δ_1 和 δ_2 方向相向，复合商品的价格变化等于 $m_1\delta_1+m_2\delta_2$，而且由方程(7)和(8)，得到

$$m_1\delta_1+m_2\delta_2=m_1 u\frac{\Omega_1'(\Omega_2'-F_2')}{Q}。$$

由此式又得到，复合商品的价格变化与 u 和 δ_1 同号，而且又小于 $m_1 u$，这也理应如此，因为商品(2)的价格是下跌了的。

如果假设，在制造复合商品时，使用了任意数目的组分商品，仍可以同样的方式加以证明，而且除去冗长以外，计算也没有其他困难：(1)生产组分商品之一的成本有增加，就会使这一商品及复合商品的价格都上涨，并使所有其他组分商品的价格下跌；(2)受影响的组分商品的价格增幅，小于成本的增幅或对它征收税金的数额。

63. 现在考虑，成本的增加量 u 直接加诸于复合商品的情形，无论是对这种商品征收从量税，还是将这个商品运送给消费者的费用有了增加。方程(3)与(4)将由以下两个方程代替

$$\Omega_1(p_1+\delta_1)=F_1(p_1+\delta_1)+m_1F(m_1p_1+m_2p_2+m_1\delta_1+m_2\delta_2+u),$$

和

$$\Omega_2(p_2+\delta_2)=F_2(p_2+\delta_2)+m_2F(m_1p_1+m_2p_2+m_1\delta_1+m_2\delta_2+u);$$

如果对它们像对方程(5)和(6)那样处理，将有

$$\delta_1\Omega_1{}' = \delta_1 F_1{}' + m_1^2\delta_1 F' + m_1 m_2\delta_2 F' + m_1 uF',$$

和 $$\delta_2\Omega_2{}' = \delta_2 F_2{}' + m_1 m_2\delta_1 F' + m_2^2\delta_2 F' + m_2 uF';$$

由此导出

$$\delta_1 = \frac{um_1 F'(\Omega_2{}' - F_2{}')}{Q},$$

和 $$\delta_2 = \frac{um_2 F'(\Omega_1{}' - F_1{}')}{Q},$$

其中用 Q 代表的多项式中所含的项,仍与上节中的一样。

从这些表达式,根据 Ω' 和 F' 的正负性质,易于得出结论:

1. δ_1 和 δ_2 都与 u 异号。

2. 量 $m_1\delta_1 + m_2\delta_2$ 在数值上小于 u。

此外,组分商品的价格变化 δ_1 与 δ_2,有如下非常简单的关系:

$$\frac{\delta_1}{\delta_2} = \frac{m_1(\Omega_2{}' - F_2{}')}{m_2(\Omega_1{}' - F_1{}')},$$

这个关系式与函数 F 无关。结果是:复合商品成本的任何增加或是向它征收任何税收,都将降低组分商品的价格,而且与此同时增加复合商品的价格,只是在数量上会小于 u,因为价格的增加可表示为

$$u + m_1\delta_1 + m_2\delta_2,$$

而刚才已见到,$m_1\delta_1 + m_2\delta_2$ 与 u 比较,符号相反而绝对值较小。

只要组分商品是在无限竞争的条件下生产的,无论它们的个数及性质怎么变,上述的结论都可以推广到一般。这些结论值得严肃地对待,因为它们拥有数学定理的全部确定性,若非如此,就一定会因为是纯数学而被排除在实用真理之外了。

64. 接下去讨论商品(2)的生产有个上限的情形。如果从方程(3)与(4)求出 p_2,这种情形使商品(2)的生产者无法满足对应

于 p_2 值的需求。如用 Δ_2 表示生产的这种极限，p_1 和 p_2 的值将由下述的方程组决定。

$$\Omega_1(p_1)=F_1(p_1)+m_1F(m_1p_1+m_2p_2)$$

和

$$\Delta_2=F_2(p_2)+m_2F(m_1p_1+m_2p_2)。$$

在此情况下，如再假设对商品(2)征收一种税 u，或生产成本增加了 u，这些确定 p_1 和 p_2 值的方程，也不会有什么变化；结果，p_1 和 p_2 的值仍保持不变，而全部增加的费用都要由组分商品(2)的生产者负担，该组分商品或复合商品的消费者则不受损失。

如果税 u 是对商品(1)征收的，老的价格 p_1 和 p_2 都将变化，并可用 $p_1+\delta_1$ 和 $p_2+\delta_2$ 表示。方程(5)与(6)可应用于这一情况，但要用 Δ_2 取代第二个方程中的函数 $\Omega(p_2+\delta_2)$，意味着由这些方程求导数，Ω_2'等于零。

于是，假设 u，δ_1 和 δ_2 的变化可看成是非常小的量，将有

$$\delta_1=\frac{-u\Omega_1'(F_2'+m_2^2F')}{R},$$

和

$$\delta_2=\frac{um_1m_2\Omega_1'F'}{R},$$

$$\frac{\delta_1}{\delta_2}=-\frac{F_2'+m_2^2F'}{m_1m_2F'},$$

$$m_1\delta_1+m_2\delta_2=\frac{-um_1\Omega_1'F_2'}{R};$$

其中多项式 R 的组成由辅助方程规定：

$$R=-\Omega_1'(F_2'+m_2^2F')+F_1'F_2'+m_1^2F'F_2'+m_2^2F'F_1'。$$

从这些方程得到的如下结论，可以应用于 u，δ_1 和 δ_2 诸变化量的一切值：

1. δ_1 与 u 同号,但 δ_1 的数值较小;商品价格受税收的影响而增加,但增加的量小于税金,以至生产的量及生产者的收入都将减少。

2. δ_2 与 u 异号,使得不直接受税收影响的商品,价格下降,所以,即使生产的数量没有变化,也对该商品的生产者不利。

3. $m_1\delta_1+m_2\delta_2$ 与 u 同号;这是说,复合商品将因此而涨价,需纳税的组分商品涨的价,超过了另一商品跌价所补偿的量。

还能以同样方式发现,如果税收或增加的费用,直接由复合商品负担,则两种组分商品的价格会下降。

65. 现设,因为某种原因,极限值 Δ_2 在生产成本不发生变化的情况下,改变成为 $\Delta_2+\nu_2$。按照老办法,将变化 ν_2 以及因此而有的变化 δ_1 和 δ_2,都一开始先假定为很小的,将有:

$$\delta_1=\upsilon_2\cdot\frac{-m_1m_2F'}{R},$$

$$\delta_2=\upsilon_2\cdot\frac{-(\Omega_1{}'-F_1{}'-m_1^2F')}{R},$$

$$m_1\delta_1+m_2\delta_2=\upsilon_2\cdot\frac{-m_2(\Omega_1{}'-F')}{R}。$$

从这些表达式得出的结论是:不管变化的范围多大,提高极限 Δ_2,会抑低商品(2)的价格,且提高商品(1)的价格。但提高的量少于抑低的,使得由它们组成的复合商品的价格也下跌。

第十章　论市场交流

66. 商业和运输工具的日趋完善，寓禁法(prohibitory laws)或限制性税制的废除，使原来相互间或者整个地、或者在某些商品上不相往来的市场，有了交流的可能。本章的目的是研究，建立起这样的交流会蕴含的主要结果。

显然，一种能运输的商品，必然会从它的价值较低的市场，流向它的价值较高的市场，直到从一个市场到另一个市场的价值差，不大于运输费用为止。

所谓运输费用不仅指必需品的价格，使运输成为事实的代理人的工资，而且包括保险费和商人的利润，这个商人应该得到所运用资本的利息，以及从事这一行业的收益。

比较两个市场上的商品价值时，必须考虑的不仅有该商品的货币价格，还有两个市场之间的交换率，或者按术语也叫做两地之间的交换率，这个“地”，可看成是有关市场的商业中心。譬如说，我们把 A 市场中一克白银的价值作为价值单位，则市场 B 中用白银克数标价的商品，必须乘以自 A 到 B 的交换系数(见第三章)；而如果这个推算出的价值，加上运输费用后仍小于 A 市场中用白银克数标价的商品价值，则商品就会从 B 运到 A 去。

67. 如果商品，无论是在进口市场上还是在出口市场上，都是被垄断的，想确定市场交流对商品价格的影响，就不仅是个复杂的问题，而且对经济学理论也极少意义。易于理解，在任何这样的假设下，竞争的效果总会与主要来自市场交流的结果结合在一起。所以，直接考虑已经消灭了垄断的影响，也就是说，这种商品在两个市场内的生产，都服从无限竞争规律的情形，既更简单，也更重要。

在此情况下，很清楚的是，因为出口市场总必须增加生产，所以在那里的商品价格要比货物出口前高；相应地，因为进口市场的价格必然下跌，当地生产的量将变少。

在交流之前，两个市场 A 与 B 中的价格 p_a 与 p_b，由如下形式的方程决定：

$$(1)\qquad \begin{cases}\Omega_a(p_a)=F_a(p_a),\\ \Omega_b(p_b)=F_b(p_b),\end{cases}$$

其中的字母 F 与 Ω 的意义，与第八章中的相同，作为下标的字母，区分与市场 A 有关的函数和与市场 B 有关的函数。

在交流之后，这两个方程由下面的方程取代：

$$(2)\qquad \Omega_a(p'_a)+\Omega_b(p'_a+\varepsilon)=F_a(p'_a)+F_b(p'_a+\varepsilon),$$

其中 p'_a 代表出口市场 A 的价格，而 ε 则是从 A 到 B 的运输费用。

68. 可以提出来的一个有趣的问题是，市场的交流是否总会增加总的产量，或按解析的语言，是否总有

$$(3)\qquad F_a(p'_a)+F_b(p'_a+\varepsilon)>F_a(p_a)+F_b(p_b)。$$

为了否定地解答这一问题，只需考虑一种能使方程(1)和(2)的比较更加容易的特殊情况；这就是 p_a，p_b 和 p'_a 这些量的变化量都很小，使得进行近似计算时，有可能忽略掉这些变化量的平方和

高次幂项。

令

$$p'_a = p_a + \delta \text{ 和 } p_b = p_a + \omega,$$

因此有

$$p'_a + \varepsilon = p_a + \delta + \varepsilon - \omega。$$

必须假定 $\omega > \varepsilon$，否则的话，即使进行交流，也不会有从 A 到 B 的商品流。

对方程(2)应用已经多次举例的代换、展开和化简的方法，这个方程将变成

$$(4)\qquad \delta\{\Omega'_a(p_a) - F'_a(p_a)\} = (\delta + \varepsilon - \omega)\{F'_b(p_b) - \Omega'_a(p_b)\};$$

从函数 F' 和 Ω' 的基本特性，即正负性，易于推出

1. δ 与 $\omega - \varepsilon$ 同号，而且是正的。

2. $\delta < \omega - \varepsilon$；这一点还显然可以如下推得：交流必然提高出口市场商品的价格，同时又抑低进口市场商品的价格。

将 p'_a 和 $p'_a + \varepsilon$ 的值代入不等式(3)，经化简得

$$\delta \cdot F'_a(p_a) + (\delta + \varepsilon - \omega) F'_b(p_b) > 0。$$

若从方程(4)得到 $\delta + \varepsilon - \omega$ 的值，约去共同的正因式 δ，上述不等式将变为

$$F'_a(p_a) + \frac{F'_b(p_b) \cdot \{\Omega'_a(p_a) - F'_a(p_a)\}}{F'_b(p_b) - \Omega'_b(p_b)} > 0,$$

或用去分母法进一步简化，因为分母是负的，故不等号改变方向

$$(5)\qquad F'_b(p_b) \cdot \Omega'_a(p_a) - F'_a(p_a) \cdot \Omega'_b(p_b) < 0。$$

显然，根据函数 F' 和 Ω' 的数值关系，这个不等式既可能被满

足，也可能不被满足，结果，不等式(3)也会如此。

所以，即使承认市场交流减少了总的产量，也并未出现矛盾。

对应地，市场的隔绝，也可能是增加某种商品供应量的一个原因。这里，我们只想确定这一事实，而不是存心别出心裁地，反驳已经十分普遍地形成了的意见，否认改进交通、扩展市场对社会的好处。对这一问题的彻底讨论，请见下文。

需要说明，为了使刚才使用过的公式成为可应用的，并不一定要 ω 和 ε 这些量与原始价格 p_a 与 p_b 相比是十分小的量；只要使差数 δ 和 $\omega-\varepsilon$ 与 p_a 相比，是非常小的量就够了。

69. 作为市场交流的结果，不仅是生产数量的增加或减少，要因环境条件而定，而且生产数量的总的价值也是如此。如果我们承认——且这样的承认不含有什么矛盾——p_a 的值大于会使 $pF_a(p)$ 为极大的 p 值，而另一方面，p_b 的值却小于会使函数 $pF_b(p)$ 为极大的 p 值，于是，因为有

$$p'_a > p_a \text{ 和 } p'_a + \varepsilon < p_b$$

按照这些函数的趋势，将同样有

$$p'_a F_a(p'_a) < p_a F_a(p_a),$$

和

$$(p'_a + \varepsilon) F_b(p'_a + \varepsilon) < p_b F_b(p_b),$$

以及无可争议的

$$p'_a F_a(p'_a) + (p'_a + \varepsilon) F_b(p'_a + \varepsilon) < p_a F_a(p_a) + p_b F_b(p_b)。$$

一般而言，上面这个不等式，随进入的量的数值关系，既可能成立，也可能不成立。

70. 对出口或进口征税的效果，与运输费用增加了相等数值的效果相同。用 p 表示商品在出口市场上纳税以前的价格，或者说是如下方程的根：

$$\Omega_a(p)+\Omega_b(p+\varepsilon)=F_a(p)+F_b(p+\varepsilon)。$$

令 u 为税金，并先假设，相对于 p 及 $p+\varepsilon$ 来说，u 是很小的数；则 $p'=p+\delta$ 将是因收税而导致的 p 值，展开下面这个方程

$$\Omega_a(p+\delta)+\Omega_b(p+\delta+\varepsilon+u)$$
$$=F_a(p+\delta)+F_b(p+\delta+\varepsilon+u),$$

并且只保留变化量 δ 和 u 的一次项，将有：

$$(6)\begin{cases}\delta=-(\varepsilon+u)\dfrac{\Omega_b'(p)-F_b'(p)}{\Omega_a'(p)-F_a'(p)+\Omega_b'(p)-F_b'(p)},\\[2ex] \delta+u=\dfrac{u[\Omega_a'(p)-F_a'(p)]-\varepsilon[\Omega_b'(p)-F_b'(p)]}{\Omega_a'(p)-F_a'(p)+\Omega_b'(p)-F_b'(p)}。\end{cases}$$

由这些表达式，得到如下的结论：

1. δ 将是个负的量，绝对值小于 $\varepsilon+u$；这是说，征税总会使商品在出口市场上跌价，数量会大于税金，但又小于运输费用与税金之和。若所有其他条件都相同，运输费用越可观，税收对出口市场中价格的影响越大。

2. $\delta+u$ 是正还是负，要看

$$\frac{u}{\varepsilon}\gtrless\frac{\Omega_b'(p)-F_b'(p)}{\Omega_a'(p)-F_a'(p)},$$

而定，结果就会因情况的不同，造成进口市场内价格的增加或减少。

在通常的情况下，Ω_a'，Ω_b'，F_a' 和 F_b' 这些量之间的数量关系是不了解的，如果税金超过运输费用，进口市场上商品价格增加的机会较大，反之，如果是运输费用超过税金，则是减少的机会较大。

把关于税收的假设改为发放奖励金，无论奖励的是出口或进

口都一样，只要将方程(6)中的 u 考虑为负的就可以了；然后有必要区分两种情况：u 的数值小于或大于 ε，亦即奖励率低于或高于运输成本。

在第一种情况，δ 仍是负的量，数值上还小于运输成本与奖励金之差。商品在出口市场内的价格，也像在进口市场内一样下降。

在第二种情况，奖励金使商品在出口市场的价格上升，但数量要小于奖励金与运输成本之差；奖励金对商品在进口市场的价格，则总是起降低的作用。

71. 总之，税收总会降低商品在出口市场的价格，至于在进口市场是使价格涨或落，则要看情况而定。反之，奖励金总会降低商品在进口市场的价格，至于在出口市场是使价格涨或落，也要看情况而定。

在此处所说的范围之内，这个命题对 p，ε 和 u 的不论什么值都成立，完全没有必要把变化量 u 限制为非常小的量。我们在第 32 节中使用的推理方法，足以证明这一点。

此外，税金的征收或奖励金的发放，无论是发生在商品离开 A 的疆界之际，还是发生在商品进入 B 的领域之时，对于商品在这两个市场中的定价，或是对生产者、消费者的利益，都没有什么两样，尽管这种区别对这些疆域所属国家的财政利益极其重要。

无需多说，运输成本的任何增加，其作用相当于收税，而任何减少，相当于发奖励金。

72. 商品产地的国家对商品征收国内税，有时，为了鼓励它的出口，会出现政府补偿或把所征税款返还给出口商的情况。为估计这种做法的后果，可这样观察：如果出口市场中商品的价格 p

在征税前由下述方程

$$\Omega_a(p)+\Omega_b(p+\varepsilon)=F_a(p)+F_b(p+\varepsilon),$$

所决定;则征收出口时不予补偿的税金 u,会使价格成为新的价格 p',它要由方程

$$\Omega_a(p'-u)+\Omega_b(p'+\varepsilon)=F_a(p')+F_b(p'+\varepsilon)$$

所决定;最后,如果在补偿过税金之后,在出口市场中确定的价格是 p'',p''将是下述方程的根:

$$\Omega_a(p''-u)+\Omega_b(p''+\varepsilon-u)=F_a(p'')+F_b(p''+\varepsilon-u)。$$

令 $p''=p+\delta$。如果略去 δ 和 u 的平方项不计,最后这个方程将给出

$$(7)\qquad \delta=u\cdot\frac{\Omega_a'(p)+\Omega_b'(p+\varepsilon)-F_b'(p+\varepsilon)}{\Omega_a'(p)+\Omega_b'(p+\varepsilon)-F_a'(p)-F_b'(p+\varepsilon)}。$$

由此得出,δ 与 u 同号而且数值较小;结果是,先征国内税,然后又将征收的税返还的做法,提高了这种商品在出口市场的价格,但降低了在进口市场的价格。这样的双重效果,只有在增加出口量时才能达到,而事实上,正如易于见到的那样,出口量的表达式原来是

$$\Omega_a(p)-F_a(p),$$

而在上述做法使价格变化之后,却变成

$$\Omega_a(p+\delta-u)-F_a(p+\delta)。$$

所以,剩下需要证明的是

$$\Omega_a(p+\delta-u)-F_a(p+\delta)>\Omega_a(p)-F_a(p),$$

或经过展开并略去 δ 和 u 的平方项后,需要证明:

$$(\delta-u)\cdot\Omega_a'(p)-\delta\cdot F_a'(p)>0。$$

方程(7)将 δ 用 u 来表示。利用方程(7)替换上式中的 δ，消去共同的因式，而且在消去的因式属负值时改变不等号的方向，上面的不等式就变成

$$-\Omega_b'(p+\varepsilon)+F_b'(p+\varepsilon)<0，$$

根据 Ω' 和 F' 的符号，这个不等式显然可以得到满足。

上述结论，可以推广到 δ 和 u 的一切值。

73. 如果因为生产条件之故，商品在市场 A 或市场 B 的产量保持为常数的话，只需令本章各式中的 $\Omega_a'=0$ 或 $\Omega_b'=0$ 即可。

第十一章　论社会收入

74. 至此，我们已经对各商品单纯地进行了研究：与商品的生产条件联系在一起的商品需求规律，如何确定其价格，并调节其生产者的收入。我们把其他商品的价格以及其他生产者的收入，都考虑为已知和不变的；但现实的经济系统，却是所有的部分都相互联系和影响的一个整体。商品 A 的生产者收入增加了，将会影响对商品 B、C 等的需求，影响它们生产者的收入，而这种增加的反作用，又包含了对商品 A 需求的改变。所以，要完整而且严密地解答与经济系统中几个部分有关的问题，全面考虑整个系统，看来似乎是必不可少的。但这就会超出数学分析和实际计算方法的能力，即使所有的常数值都指派以数字值也一样。本章及下一章的目的是想表明，在怎样的范围内既可避免这一困难，又可维持一定的近似性，还要说明如何借助于数学符号，对本章标题范围内最具普遍性的问题，进行有用的分析。

社会收入(social income)一词，不仅指社会成员中够得上不动产主人或资本家资格者的意义严格的收入，也指凭各自作为工人和产业代理人的能力而获得的工资及年收益。社会收入还包括个人或国家所供养的下述那些人的年俸，这些人的劳动产品完全不是物质的、可销售的，经济学者将它归入非生产性的一类。语言的使用习惯，无疑还允许这些字有不同的意义；但我们认为上面这个定义要比任何其他的说法，更适合于引导思路得出准确的推论和可应用的结果。

只要商品是供消费的，销售价格里应该有属于以下那些人的份额：地主的收入，提供原材料及生产工具的资本家的收入，在商品从生产到运至市场过程中，协力合作的各种产业代理人的利润与工资。分解价格所得到的所有要素，又都分配于社会收入的各分支。结果，如用 p 表示每单位商品的价格，D 是一年中供消费的单位数，乘积 pD 就表示该商品在共同形成社会收入中提供的总和。

所以，作为商品价格变化或消费变化的结果，这一部分社会收入会按照乘积 pD 之增、减而增加或减少；而且还将在乘积 pD 或 $pF(p)$ 达到极大值时，处于可能的最高点。

75. 用 p_0 和 p_1 表示 p 的两个不同的值，并用 D_0 和 D_1 表示 D 的对应值。为使这些概念更精确些，再假设

$$p_1 > p_0 \text{ 和 } p_1 D_1 < p_0 D_0$$

结果就成为：商品价格的增加使社会收入或至少是社会收入中 pD 这一部分减少了。

收入的减少量，将视情况的不同，在合作制造商品的各种生产者之间进一步划分，无论他提供的是财产还是个人的劳动。

就因为他们的收入减少了，他们用于自身消费的钱也相应减少，从而影响对其他商品的需求，减少许多其他商品生产者的收入，其反作用是引起社会收入的新的减少。这样的反作用，笼统地看来似乎是无止境的，因此，对它有个准确的概念就很重要。

作为商品价格从 p_0 涨到 p_1 的结果，那些继续购买这种商品的消费者，将不得不从其他商品的消费中，抽出一部分钱用于对涨价商品的需求，总数等于

$$(p_1-p_0)D_1$$

另一方面，那些因涨价而不再使用该商品的消费者有一笔钱可移作他用，他们的这一部分收入等于

$$p_0(D_0-D_1)$$

从第二个值减去第一个值，得余数

$$p_0D_0-p_1D_1$$

亦即，正好等于商品的生产者因为涨价而减少了的收入总数，而情况也正应该如此。

于是，当我们考虑的是该商品的全部生产者和消费者时，就会发现，社会收入中余下来供其他商品需用的全年总量，并未改变。所以，显然也存在这样的可能，这个总量在其他商品中的分配仍然和以前一样，对每一种商品的需求仍然和以前一样；结果，（除去已涨价商品的价格外）整个价格系统不发生变化，（除去或者以其财产出钱、或者以其劳动出力，为已经涨价商品的生产而合作的生产者的收入之外）整个收入系统也不发生变化。

76. 事实上，如此严格的分配，自然是难以接受的，而且一般而言，必然是相反的情形，即系统内一个要素经受到的扰动，会传递给第二个，然后通过反作用而遍及全系统。然而，由于商品 A 的价格及其生产者的收入的变化，并未触动可用于其他商品 B、C、D、E 等之需求的总金额，很明显，从商品 B 处游离出来的钱数，按假设，按照新的需求导向，必将用于商品 C、D、E 等之一个或几

个的消费。严格地说，这种发生于 B、C、D 等生产者的收入的次一等级的扰动，会依次反作用于系统，直至建立起新的平衡为止；但是，虽然我们不能计算出这个反作用的序列，普遍的分析原理却将表明，它们必定按振幅递降律发展，所以，作为一种近似，可以这样认为，发生于 A 的生产者收入内的变化，虽然修改了社会收入的余项在 B、C、D、E 等生产者之间的分配，却并未改变它的总量，或者纵有改变，这个量与 A 的生产者收入经受的变化量 $p_0D_0-p_1D_1$ 相比，是可以忽略不计的。所以，社会收入的变化也就归结为 $p_0D_0-p_1D_1$，至于误差，使用数学家的说法，误差不会超过二次量（with an error not exceeding quantities of the second degree）。

当讨论的是价值系统内非常小的变化时，这样的简化，即使按严格的标准也是可接受的，而且没有这样的简化，就不可能作任何进一步的演绎推理。但是上述的考虑不仅仅认为这样的简化是正当的，它甚至还承认，在特殊情况下并不发生那样的补偿，亦即，A 的生产者收入中发生的变化 $p_0D_0-p_1D_1$ 与社会收入中最终的变化，有相当大的差异。因为不存在这个变化应该比另一个变化大或小的理由，当所考虑的不是某个具体情况中的孰大孰小，而是相反，即讨论的是以平均值表示的结果、是财富分配的一般规律时，仍然允许假定得到了补偿。

某些读者可能要反对前面的论点，因为我们只区分了停止购买涨价商品的消费者和不顾涨价继续购买的消费者，而不曾考虑到只是减少了对商品需求量的消费者。但是从理论上讲，可以用另外两个消费者，一个属第一类，一个属第二类，来代替此处所讨论的每一个第三类消费者。所以上面采用的简化做法，并没有使讨论有实质的差异。

77. 刚作的说明，可供所有类似情况参照。根据它，我们将假设，商品 A 价格中的变化，使社会收入减少了可用 $p_0D_0-p_1D_1$ 表示的价值。此处必须占用一些篇幅，进行一项重要的观察，否则就不可能对财富的抽象理论作出合适的解释，而且这一观察，也可说明纯理论作者之间的许多误解。

在价格变化前和变化后，都同样消费商品 A 的消费者，对原来只用支付 p_0D_1 的等量商品，付了 p_1D_1，这一情况与商品并未涨价，但他们的收入蒙受了损失的情况，完全一样。收入减少的量为

$$(p_1-p_0)D_1$$

如果在此表达式上再加上表示该商品的生产者收入减少量的表达式

$$p_0D_0-p_1D_1$$

其和

$$p_0(D_0-D_1)$$

将表示社会收入的实际(real)减少量，而其中的

$$p_0D_0-p_1D_1$$

这一部分，则是社会收入的名义(nominal)减少量。

请注意，这个结论与下述的以最简单的方式直接获得的结论一致；考虑的办法是：涨价使商品的年产量从 D_0 减为 D_1，而仅此就每年要毁掉相当于 $p_0(D_0-D_1)$的价值；事实上，涨价使继续在生产的产量 D_1 升了值，这就减少了生产者负担的损失；但是要从 $p_0(D_0-D_1)$中减去的这些好处，正好被涨价后承受涨价的消费者的损失所

平衡。结果就使社会损失的价值必然总是 $p_0(D_0-D_1)$。

还必须看到，在涨价后不再购买商品 A 的消费者，把这笔钱用于商品 B、C、D 等，其价值正好等于刚求出的那个量，即 $p_0(D_0-D_1)$。他们因 A 的价格变化而经受的损失，是把这一部分收入，从原来价格系统中优先选择的方面抽出来，移作他用。但是这种损害无法用数值来估计，既不同于生产者减少的收入，也不同于消费者为购买等量商品多花的钱。这里涉及的是顺序优先关系而非大小关系。顺序的先后确实也可以用数字来标明，但无法测量。由于我们的讨论只考虑可测量的事物，对当前的情况而言，我们就用乘积 $p_0(D_0-D_1)$ 来量度社会收入的实际减少量，以与社会收入的名义减少量相对比。

78. 如果 $p_0D_0<p_1D_1$，而且总令 p_0 小于 p_1，因而有 D_0 大于 D_1，与上面讨论过的同样的考虑将证明，因为商品提价，社会收入已经名义上增加了，而且增加的量显然等于 $p_1D_1-p_0D_0$，或等于涨价商品的生产者所增加的收入。但如果考虑由消费者负担的损失，相当于收入减少的损失，其表达式与以前一样，是

$$(p_1-p_0)D_1$$

再从这一损失减去社会收入的名义的增加

$$p_1D_1-p_0D_0$$

其差

$$p_0(D_0-D_1)$$

也与以前一样是社会收入实际减少量的反映，尽管社会收入在名义上有了增加。

明白无误的是，对生产者说来，这一名义上的增加是实在的，

p_1D_1 这一价值量是在他们之间摊分的；然而他们是在牺牲了消费者利益之后才获得这一好处的，消费者损失的多，生产者得到的好处少，后者不能抵偿前者；因此，着眼于全世界的大社会，就存在着名义收入的增加和实际收入的减少。

所以，如果问题涉及的是或者没有生产成本、或者即使有也是微不足道的一种产品，使社会收入在名义上增加的最有利条件，是让该商品落入垄断者手中，因为这样才会使乘积 pD 达到极大值。只要注意到了上面所作的社会收入的名义变化与实际变化的区别，这种命题中的自相矛盾，就烟消云散。显然，随着这种商品由垄断而变为有二位、三位乃至更多的生产者，商品的价格，将按第七章中的公式，逐步下降；消费量将持续增加，至于社会收入，虽说在名义上下降了，在实际上却是增加的；事实上，正如常识告诉人们的，通过削弱或消灭这类垄断，社会只会得益，而不会受损失。

79. 当一种商品除去有生产成本之外，还是处在垄断条件下的，就可以肯定，任何税收或任何成本的增加，都会通过提高价格和减少消费的方式，减少社会收入。事实上，如果 $\phi(D)$ 是量度垄断者所承担成本的函数，而且在成本上现在又加上了新的开支，p_0 是使函数 $pD-\phi(D)$ 为极大的值，将有

$$p_0D_0-\phi(D_0)>p_1D_1-\phi(D_1),$$

由于 $D_0>D_1$ 从而 $\phi(D_0)$ 大于 $\phi(D_1)$，所以毫无疑问，$p_0D_0>p_1D_1$。

但当有生产成本的商品同时又摆脱了垄断，则生产成本的增加使商品提价，结果虽然总是社会收入的实际值减少，名义值是增是减，却要看初始值是低于还是高于 π 而定，而 π 则是使乘积 pD

为极大的 p 值；而且事实上，假如商品没有生产成本而且又在垄断条件下，π 仍将是使这个商品的 pD 为极大的那个价格。摆脱垄断，倾向于使 p_0 小于 π，但另一方面，生产成本又倾向于使 p_0 大于 π。显然，根据环境条件的不同，这两个作用方向相反的因素之一会占上风；所以，可以先验地认为，$p_0>\pi$ 和 $p_0<\pi$ 两种假设是同等可能的(第 24 节)。

80. 从以上所述显然可见，对消费征税，怎么可能在增加社会名义收入的同时，又减少了社会的实际收入。当征收一种税 i，使 $p_1D_1-p_0D_0$ 这个量为正，这就表示社会的名义收入有了增加，国库从生产出来的价值 p_1D_1 中征收了 iD_1 这一部分。但是，在当今之世，无论这一部分是用于偿还公共债务的利息，还是用于支付薪金或赏赐，还是为公用服务事业购买最终产品，这一部分国库收入都不再是堆积在金库里，而是仍然在为若干类消费者创造收入。对于直接向收入征收的税种，假设不需向外国纳贡，国库只不过是起中间调节的作用，它(当然通常是以强制与不公正的方式)设法改变社会收入的分配，而没有立即改变社会收入的总量。至于消费税，国库是对生产总值中规定要付税的、iD_1 这一部分，起了中间调节作用，但这个税又使社会收入的实际值减少了 $p_0(D_0-D_1)$。

81. 增加生产成本也使社会收入的实际值减少，理由相同；至于收入的名义值的增或减，则要看情况而定。减少生产成本，总会增加社会收入的实际值，至于名义值的增或减，也要看情况而定。现设，作为商品 A 的生产成本减少以及随之而来的价格下降的结果，社会收入在名义上减少了

$$p_0D_0-p_1D_1$$

在降价前就对商品有需求的消费者，仍将消费这一商品，就好像价格没有变化一样，但他们的收入总数已经增加了

$$(p_0 - p_1)D_0$$

从第二个表达式减去第一个表达式，余下的是个正的量

$$p_1(D_1 - D_0)$$

它表示了社会收入中的实际增加。假如情况是商品降价提高了社会收入的名义价值，亦即情况是 $p_1D_1 > p_0D_0$，结果显然也完全一样；因为这时必须把 $p_1D_1 - p_0D_0$ 这个正量，加到$(p_0 - p_1)D_0$ 上，而这与原来减去 $p_0D_0 - p_1D_1$ 完全相当。

此外，通过类似于第 77 节中的论述，也可以达到这个结果。降价使商品的年产量从 D_0 增加到 D_1，仅此就每年创造了等于 $p_1(D_1 - D_0)$的价值。当然，原本就在生产的数量 D_0 降了价，使生产者受到损失；这一损失虽说该从社会得益 $p_1(D_1 - D_0)$中减去，但却正好被原来就是消费者、现在仍然在消费的消费者得到的好处所平衡，所以归根结蒂，社会的实在收获必然总是等于 $p_1(D_1 - D_0)$。

在估计降价造成的社会收入的实际增加时，并未考虑到商品的新消费者，能将部分收入移用到更合心意的方面而获得的好处；因为这种好处不能进行数值评价，而且本身也不是新财富的源泉；不过，假如商品 A 是其他产品的原材料，或者是为其他产品服务的生产工具，它最终会导向财富的增加。

82. 迄今为止我们一直假设，生产成本的增或减，或一种税收的开征或豁免，引起了价格的升或降，结果又使得生产量削减或扩充，至于需求规律，亦即数量 D 与 p 之间的关系，则保持不变。但是第 77 节和第 81 节中的论点，在下述情况下仍可应用，那就是如

果价格以及产量的变化导致了函数 $F(p)$的形式，亦即需求规律表达式的变化——一种也可能因消费者的爱好与需要的变更，以及社会财富分配方式的变更，而引起的变化。所以，可以认为，作为这一类变更的结果，社会收入中有一部分量 h，离开了对商品 A 的需求，而全部转向商品 B，以至其他商品 C、D、E 等等的生产者的收入，不受影响或只有可忽略的变化。用 p_0 和 D_0 表示商品 A 在变化发生之前的价格与需求，而 p_1 和 D_1 则是变化发生以后的，将有

$$p_0 D_0 - p_1 D_1 = h。$$

以同样方式，对商品 B 的这些量用加“撇”的办法，区别于商品 A 的同类量，将有

$$p_1' D_1' - p_0' D_0' = h。$$

结果

$$(1) \qquad p_0 D_0 - p_1 D_1 = p_1' D_1' - p_0' D_0'。$$

社会收入的名义价值在这样的变化中，既不增加也不减少；至于实际价值，一方面会有

$$p_0(D_0 - D_1)$$

表示的损失，另一方面又有

$$p_1'(D_1' - D_0')$$

表示的收获；所以到底是得还是失，要看

$$(2) \qquad p_1'(D_1' - D_0') \gtrless p_0(D_0 - D_1)。$$

而且，这个得与失的变化，还将随着不等式中第一个成员变化得远离第二个的程度，成比例地大或小，而方程(1)则始终得到满足。

依靠方程(1),可用下式替代不等式(2)

$$(p_0'-p_1')D_0' \gtrless (p_1-p_0)D_1。$$

易于理解,奢侈品的消费限于社会上的富有阶级,它们在经济系统内,一般因下述的性质而被归为一类:需求方面或购买者竞争方面的微小变化,会引起价格的相当大的变化,因为有钱人对投其所好的商品,随时准备付两倍甚至三倍的价钱。另一方面,却会观察到,那些实际上算不上是主要必需品的一般消费品,价格中的细小变动会对应着需求及产量方面的相当变化。

结果,倾向于减少财富分配中严重不平等的那些原因,将在经济系统内引起变动,这种变动的平均的及一般的效果,倾向于增加社会收入的实际价值。

社会收入实际价值的这种增加,在下述情况下还将伴随名义价值的增加,那就是商品 B 本身是生产新商品的原材料或生产工具,同时又发生了有利于它的需求变化。从这一观点出发,为劳动阶级生产更丰富的、他们所必需的商品,使经济系统向着有利于他们的方向调整,结果就会增加社会收入的实际价值,因为按照社会收入的定义,工人的工资是它的不可分离、最为重要的一个部分。

商品中的主要必需品,大宗生产的食物,似乎与奢侈品有共同之处,就是说价格中的巨大变动对应着产量上的细小变化,因为生活贫困的阶级不得不牺牲所有其他的需求,以维持对这些商品的消费。但是这种牺牲若迁延日久,势必引起经济系统及人口结构内惊人的混乱;所以,若只考虑独立于暂时性扰动的平均值,就会发现,即使是商品中的主要必需品,也是以产量的巨大差异对应着价格中的微小变化。

正因为这些商品价格的暂时性相当大的加价，只对应着消费中的微小变化，从我们的理论，可以得出与常识的明白无误的告诫相一致的结论：即使这种加价在名义上增加了社会收入，社会收入的实际价值却是减少的。不过，我们的总是与常识一致的理论又表明，若是这种商品受到的影响日积月累而且旷日持久，就必须作出截然不同的判断。

83. 用同样的原理，也可以分析在下述情况下会发生什么，即一种新的商品、一种新的交换价值，像人们常说的那样，出现于经济系统的表面。一种迄今从未出现于财富流通中的商品 N，现在全新地被创造出来，而且每年制造或出售的数量，其价值为 h。于是购买这一商品的人，要从收入中提出原来用于 A、B、C 等其他商品的总金额 h；但这一总数 h，又由 N 的生产者返还给商品 A、B、C 等等的总需求。所以，当作一个整体的原来的经济系统，没有任何发生紊乱的理由；这里发生的只不过是所谓的并行不悖现象；名义的及实际的社会收入都总共增加了 h，这是由新商品生产者的收入构成的。

应该小心地注意，在什么样的条件下才有这样的结果，因为要想象一个会引向完全不同结果的假设，并不困难。譬如，假设在 N 与 M 的生产者之间发生了一次交换，前者因为后者购买这种新产品而拥有一份收入 h，他又用这一收入购买商品 M，于是使这种商品的生产，正好增加了相当于 h 的价值，经济系统内所有其他要素可能全保持不变；但社会收入的增加量，无论是实际的还是名义的，却都是 h 的二倍；也就是 N 的生产者的全新的收入，以及 M

的生产者所增加产品的价值。

把注意力放到这样一种特殊而又不大可能发生的假设上，而且这种假设还可以有无限多的变化，本节考虑的问题就变成完全不确定的。为了使它有一个确定的解答，就有必要从唯一可能发生的商业关系的假设出发；即必须假定新产品的生产者向所有的消费者销售，又将这一市场给予他的收入，用于购买任何其他生产者的商品，而不是像小集镇的工匠们那样，有一种相互转让其顾客的习俗，因而不会发生从这样的习俗会自然发生的类似结果。

但当把生产者分成几个大类时，就有可能发生这类结果；譬如把地主阶级或不动产的经理人员归为一类，而把依靠工资为生的劳动阶级归为另一类；特别是当财富的分配方式，在这两个阶级之间，形成尖锐区别的时候，就更会发生那样的结果。如果劳动的人口增加，或变得更加勤奋，他们勤劳的果实，将几乎全部被拥有土地的阶级所消费，而这种勤劳的报酬，将几乎全部用来购买由大地出产的产品，并鼓励和发展农业。富人们将认为他们财富的增加，是与他们发现了能满足新口味的手段同时的，甚至是因此而增加的。包括所有工人的工资以及所有资本家的收入在内的社会收入，将因为这种特殊的划分而增加得更为迅速，但这并不意味着使这一特殊的划分得以实现的财富分配方式，对国家的最终利益而言，也是其他人所乐意的。

如果我们不考虑这些使我们的理论陷入困境，而且还可以说是扰乱了经济系统之基础的特殊情况，如果考虑的是趋于平衡的状态中所发生的情况，就会发现，一种全新商品进入流通的平均结果，应该是使社会收入所增加的价值正好等于该商品的年产值。

84. 人们所追求的，无论是创造全新产品，使生活更愉快、负担更轻松，还是激发新的愿望、精心安排社会生活，从而给予以前并不感到需要的物品以价值，从经济科学的观点，其结果是一样的。但在道德家或政治家眼里，他们就会根据人民中流行的是奢侈或节俭的活动，对人民的命运发出非常不同的见解。确有人说过，奢侈使一个国家富庶，他们的意思是，让新产品进入流通增加了社会收入，而假如没有奢侈的风尚和使社会生活更加精致的要求，就不会使用这些产品。另有一种同样颇有道理的说法，奢侈导致一个国家的覆灭，不仅从道德和政治上讲是如此，即使从这个字的商业意义上讲也是如此。奢侈商品的生产，只有在牺牲其他商品的生产时，才得以实现，而其他商品却是进一步生产的中间体或直接的生产工具。

如果非生产性消费与再生产性消费这两个概念，尚未经过斯密、尤其是萨伊彻底阐明并充分展开，这里确实应该介绍二者之间的区别。一个人将他的一部分收入经济化或资本化，他是将原来用于商品 A、B、C 等等，只给他以非生产性消费享受总数为 h 的需求，转而使用于能转换为生产工具的商品 L、M、N 等的需求。给予需求以这样的新方向，既鼓励了某些产业，也压抑了其他的行业，在增加某几类生产者收入的同时，牺牲了另一部分生产者；但根据已经阐明的原理，当考虑的只是平均的和一般的效果时，社会收入仍将是一样的。过一段时间，当新的、由节约所创造的生产性资财，开始结出果实，原先的收入将因资本 h 的收入而增加。当然，节约或资本化不能超出一定的限度，而且，归根结底，一般称之为非生产性的消费，正是所谓生产性消费的调节器和目的。那么，什么是不可逾越的极限？什么是非生产性和生产性消费的关系呢？理论无法先验地作出决定，但在实践中，只要资本仍能找到有利可图的投资项目，就可知道，一个国家仍处于节俭，既改善公益又满足各种人等或审慎或贪婪之愿望的状态。

85. 创办新的生产性资财或制造新投入流通的价值，有可能增加名义的社会收入；另一种办法，是改变原先无偿享用因而没有交换价值的某种有用物品的条件，赋予它以小的价值。譬如，如果自然界本来慷慨供应、数量也一向超出我们需要的物质，像水，变成稀缺的或要求为其生产而付钱；或者如果本来任人使用的自然力，诸如风的动力，变成能拨交使用，需要为使用风力而向地主交租；假如发生了这样的情况，认为社会收入的名义价值会因之而增加的假设，也并不矛盾。只要考虑到本章对实际价值与名义价值所作的划分，这一种说法中包含的无论什么样的悖论都会消失。已经再也不必为纯粹思辨的，甚至有些学究式的反对，作进一步的发挥了。

86. 对前述内容，还有一种更似是而非的反对意见，我们必须作出回答。有人会说，当商品 A 的生产下降，譬如说由 D_0 降为 D_1，产量 D_0-D_1 的价值，并没有因此而全部从流通中撤除；本来用于其制造的原材料，稍稍降价即可找到其他用途；原来由这种工作雇用的工人，多少降低工资要求，也可在其他生产者那里出售劳力；最后，本来用于这种营运的资本，只要资本家根据必要情况降低对利率的要求，也会找到别的投资领域。乍看之下，似乎我们忽略了这个重要情况，似乎我们的论点是：减少商品 A 的生产，就是从流通中抽走了一个恰好与生产的减少相等价的价值。

为了说明我们并没有犯这样的错误，设商品 M 是供直接消费的若干种商品 A、B、C 等的原材料。在 A 的生产者的人数中，应包括为制造 A 而供应原材料 M 的那些生产者（第 74 节），包括的人数应与为此用途而提供的数量相当。对商品 B、C 等，也有同样的情况。结果，M 的任何生产者的收入，可以分解为若干个部分，第一部分是作为 A 的生产者的，其次是作为 B 的生产者的，如此等等。如果商品 A 的消费削减后，导致了商品 B 的生产扩大，M 的生产者会发现，制造复合商品 B 的销路增加，补偿了制造复合商品 A 的销路减少所蒙受的损失；但也不妨为论述的方便，将 M 的这位生产者，用想象中的 M_1 和 M_2 两位生产者来替代，一个是专门为商品 A 的制造供应原材料的，另一个则是商品 B 的，所以 M_1 只算在 A 的生产者内，而 M_2 算在 B 的生产者之内。但在估计平均结果时，我们已经考虑到了将资金从满足商品 A 的需求中抽出来，转移到满足商品 B、C 等等的需求；所以我们已经在无形中（隐含地）考虑到了这个重要情况，忽略了这点，就会招来本节力图辩驳的反对意见。

刚才关于商品，说得更确切些，关于原材料的说明，同样可应用于劳动者的工资以及资本的收益，这些劳力与资本，都合作参与了作为生产性产业最终目标的复合商品的制造。当一个工人先为商品 A 的生产做工，然后又在 A 的生产削减后为商品 B 的生产工作，他应该先算作 A 的生产者之一，然后又算作 B 的生产者之一；工人工资也算在内的 A 组的收入减少了，但 B 组的却增加了；至于要考虑的计算方法，就正好像商品 B 对劳力的需求增加了，而商品 A 的劳力需求减少了，而不是考虑同一个工人有可能从一种工作转向另一种工作。

最后，虽然我们连续地而且几乎只使用商品（commodity）一词，请一定不要忘记，本书也把服务算作商品（第 8 节），这种服务以满足人的需要、使人获得享乐为目的。于是，当我们说有一笔资金脱离了商品 A 的需求，而用于商品 B 的需求时，这句话也含有，这笔资金脱离了狭义商品的需求，转而用于服务，或正好相反的意思。当一座大城市的居民对下馆子小酌不再感兴趣，并且转向剧院的表演艺术时，用于含酒精饮料的资金转而用于演员、编剧和音乐家，而按我们的定义，这些人的年收入也和葡萄园主的租金、葡萄栽培人的工资以及餐馆老板的利润一样，都列入资产负债表的社会收入栏中。

第十二章　论社会收入因市场流通而产生的变化

87. 第十章探讨了市场流通对定价和生产者收入的影响。本章则要探讨市场流通、或市场间的贸易、或像有人爱说的，商品从一个市场出口到另一个，怎样使进口市场和出口市场的社会收入的价值发生变化。此处依据的原则，与展开前一章的理论时所依据的，仍然相同。

人们特别感兴趣的，是市场流通中一直主要受政府控制的不同国家间的贸易问题。社会收入(social income)一词将被国民收入(national income)一词所代替，而国民收入指的又不是政府通过税收获得的，用以支付公用开支的收入，而是一国疆域之内个人收入、地租、利润、各种工资的总和。

显然，此处正在探讨的问题，也是理论家和政治家讨论了两个世纪的问题，各种各样的政治经济学体系，也都可认为是建立在对此问题的一种观点之上。我们不想冒冒失失地从政治家的观点考虑这一问题；但是，另一方面我们又认为，从这个问题的理论方面考虑，它可以归结为很简单的几款，只要在这几款的陈述中舍弃错误的系统，就可开辟一条通向本质上攸关国家命运的实际知识的道路。正是出于这样的考虑，此处所审议的内容，在我们看来才不仅是智力游戏或空洞的抽象。

借助于精确的符号和更为严密的论证方法，以少量的话解释连篇累牍的争论所带来的困难，总是有好处的。

88. 用 A 与 B 命名出口的和进口的市场；M 是由 A 出口到 B 的商品；p_a 和 D_a 是该商品因为某种原因，譬如说禁运，而无法出口时，在市场 A 的价格与需求；p_b 和 D_b 是同一时刻在市场 B 的价格与需求；p_a' 和 D_a' 是建立了市场流通后在 A 地的价格及生产的数量；p_b' 和 D_b' 是流通后在 B 地的价格与生产的数量；Δ 是流通后在 A 消费的数值，或 A 处消费者对应于价格 p_a' 的需求；E 是出口的数量，故 $D_a'=\Delta+E$。

A 的生产者得以增加的收入等于 $p_a'D_a'-p_aD_a$。必须假设 $p_a'>p_a$，$D_a'>D_a$，以及无可置疑的，$p_a'D_a'>p_aD_a$。事实上，在垄断的情况下，市场流通会使价格下跌，即使是出口市场上也是如此，但这样的情况过于特殊，不值得为此耽搁，而且修改下述的论述使之满足这一特殊的假设，要容易得多。

市场 A 中继续购买商品 M 的消费者，将从原来用于其他商品 N, p, Q 等的收入中抽出一部，其价值等于：

(1) $(p_a'-p_a)\Delta$

另一方面，那些因涨价而不再购买的消费者，会把这部分基金用到商品 N, p, Q 等的消费，这部分价值等于

(2) $p_a(D_a-\Delta)$

最后，由于市场 A 安排了价值等于 $p_a'E$ 的出口，它将接受相同价值的不论什么商品作为回报。所以，M 出口这一件事，使相当于

(3) $p_a'E$

的价值从国内市场商品 N, p, Q 的需求中抽出来，用于外国商品的需求，变成了外国生产者的收入。但是，将(1)与(3)两个量相加，再从(2)中减去这一和数，得到 $p_a'D_a'-p_aD_a$ 这一结果(利用了关系式 $D_a'=\Delta+E$)，亦即正好等于商品 M 生产者收入增加的价值。所以，可用于商品 N, p, Q 等需求的消费基金总数，并未改变。因此，也可认为，借助于那个已经充分解释过的简化假设，市场 A 的国民收入，或 A 地生产者收入的总数，作为商品 M 出口的结果，价值已有了增加，其量等于

$$p_a'D_a'-p_aD_a$$

但这仅仅是收入的名义上的增加。市场 A 中出口 M 后仍消费了数量 Δ 的消费者，不是按 p_a 而是按 p_a' 购买，与这种商品价格未改变前相比，他们的收入减少了

$$(p_a'-p_a)\Delta$$

从前一项减去后一项，余数是

$$(4)\quad p_a'(D_a'-\Delta)-p_a(D_a-\Delta)$$
$$=p_a'E-p_a(D_a-\Delta);$$

结果，根据前述的基本原则，这个表达式，也就是出口市场国民收入的实际增加值。因为 $p_a'>p_a$，另一方面，又有 $E>D_a-\Delta$；所以增加量总是正的，决不可能变为实际的减少。

如果出口并没有增加商品的价格，也没有减少国内市场的消费，增加的量就正好是 $p_a'E$，或即出口了的价值。这种情形会发生于制造业的商品，此时实际的增加与名义的增加就没有什么差别。

在推导商品 M 的出口所引起的国民收入的实际增加时，未曾考虑国内消费者中有一类人的损失，他们中止购买涨了价的商品，

并将这部分收入用于没有那么爱好的方面。这种损失，正如已经解释过的，不能测量而且也并不直接影响贸易和数学意义下的国家财富。无疑的是，如果因为缺乏变贵了的商品，妨碍了用它作原材料的其他商品的生产，国家财富就可能受到间接的影响；但就理论的简化和一般可应用性的要求而言，在开始不考虑这种次一级的影响是恰当的，同时也要把这样的关心恰如其分地保留着，留待转向应用和转向特例时处理。

此外，也可以用一种直接而且更简单的方法求得表达式(4)，它在上面是按照商品 M 出口，引起了国民收入的实际增加来推求的。

这一出口使市场 A 得以享用外国造的商品，其价值是 $p_a{}'E$，作为交换，市场 A 放弃了数量为 $D_a-\Delta$ 的商品 M，其价值为 $p_a(D_a-\Delta)$；得益为 $p_a{}'E-p_a(D_a-\Delta)$。

商品 M 继续在 A 消费的那一部分，因为涨价增加了价值，这种增加即使对市场 A 的生产者有任何好处，这一好处也正好被同一市场内消费者的损失所平衡，所以表达式(4)仍然是出口国所增收入之实际价值的量度。

89. 现在讨论商品运进市场 B 的效果。这个市场里商品 M 的生产者的收入，将减少 $p_bD_b-p_b{}'D_b{}'$。因为 $p_b>p_b{}'$，$D_b>D_b{}'$，所以无可置疑的有 $p_bD_b>p_b{}'D_b{}'$。

在降价前就购买商品 M 的消费者，将把省下的钱用于其他商品 R,S,T 等的需求，价值等于

$$(5)\quad (p_b-p_b{}')D_b$$

而降价后才购买的消费者就会将收入中原用于其他商品的一部分

转过来,价值为

(6) $p_b'(D_b'+E-D_b)$

最后,由于必须从市场 B 以这种或那种商品的形式,抽出相当于 $p_b'E$ 的价值,所以应该考虑,在市场 B 内有一笔总值为

(7) $p_b'E$

的外国资金,也要使用于除 M 之外的商品 R,S,T 等的需求。于是,若将(5)、(7)两个量相加,再从和数减去(6),结果将是 $p_bD_b-p_b'D_b'$,这个价值正好等于市场 B 中商品 M 的生产者所减少的收入。所以,除非有必要再重复证明应该已经明白了的原理,否则就该承认,同一价值

$$p_bD_b-p_b'D_b'$$

同时也表示,B 市场的国民收入因为自 A 进口了商品 M,而引起名义上的减少。

必须看到,那些在降价前就购买商品 M 的消费者所处的条件,事实上并无不同,这就好像他们的收入增加了 $(p_b-p_b')D_b$。

取二者的差,得表达式

(8) $p_b'(D_b-D_b')$

而这正是因为进口,B 的国民收入实际减少的价值。

我们并未把减价后才购买 M,从而能把部分收入用于更喜爱之商品上的好处,考虑为应该从国民收入实际减少值中减去的量。这种好处无法评定其价值,它只能在降价的商品是原材料、或是后续产品之生产工具的情况下,间接地增加财富的总量,这样的条件,必须具体的问题作具体的分析。

此外,也仍然可以通过直接的考虑获得表达式(8),它代表因

为进口商品 M，B 的国民收入的实际减少量。事实上，市场 B 获得了进口商品的使用权，这个价值用 $p_b'E$ 表示，但为此，它也付出了同等价值的本地产品。在市场 B 内生产和消费的商品 M，在进口后降了价，其数量为 D_b'，但本地生产者的损失，正好被买进了降价商品的本地消费者的得益所平衡。因为数量为 D_b-D_b' 的商品 M，在进口后不再在 B 生产，本地生产者的损失相当于 $p_b(D_b-D_b')$；但这一损失却由本地消费者的得益补偿了一部分，因为他们在进口后能用 p_b' 价格去获得过去要支付 p_b 的商品，这个得益额是 $(p_b-p_b')(D_b-D_b')$。所以，市场 B 因进口而蒙受的国民收入的损失，最后是 $p_b'(D_b-D_b')$。

有一点极为重要，当涉及的商品是舶来品（exotic）或者说是气候、土壤、居民的财富或智能的程度等客观条件使 B 不能生产的商品时，数量 D_b 和 D_b' 变为零或微不足道。在此情况下，B 的国民收入就不会因为进口而经受名义上的或实际的减少，而在出口市场则总有名义的及实际的国民收入的增加。

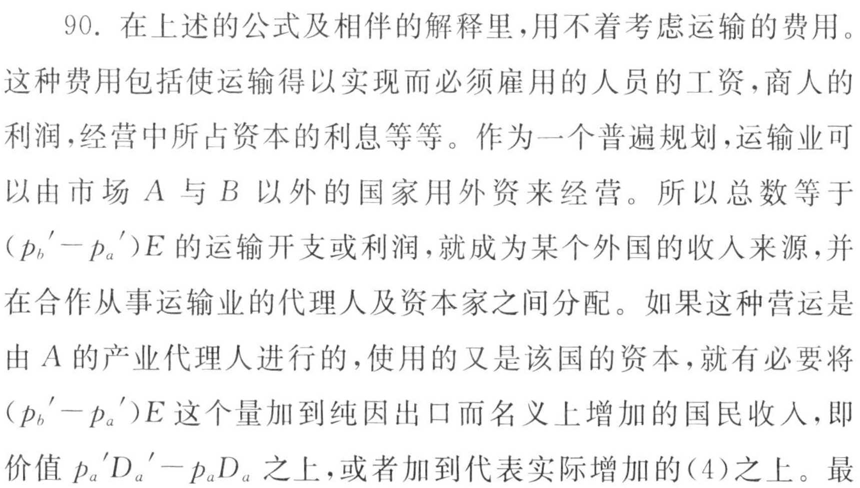

90. 在上述的公式及相伴的解释里，用不着考虑运输的费用。这种费用包括使运输得以实现而必须雇用的人员的工资，商人的利润，经营中所占资本的利息等等。作为一个普遍规划，运输业可以由市场 A 与 B 以外的国家用外资来经营。所以总数等于 $(p_b'-p_a')E$ 的运输开支或利润，就成为某个外国的收入来源，并在合作从事运输业的代理人及资本家之间分配。如果这种营运是由 A 的产业代理人进行的，使用的又是该国的资本，就有必要将 $(p_b'-p_a')E$ 这个量加到纯因出口而名义上增加的国民收入，即价值 $p_a'D_a'-p_aD_a$ 之上，或者加到代表实际增加的(4)之上。最

后的表达式将变成

$$p_b{}'E-p_a(D_a-\Delta)。$$

另一方面，如果转运的操作是用 B 国的资本、由 B 国的产业代理人进行的，价值$(p_b{}'-p_a{}')E$ 就应从 $p_bD_b-p_b{}'D_b{}'$减去，后者表示因进口造成的 B 的国民收入名义上的减少量；或者从表示国民收入实际减少量的(8)减去。所以，以同样的方式有

$$p_b{}'(D_b-D_b{}')-(p_b{}'-p_a{}')E=p_a{}'E-p_b{}'\{E-(D_b-D_b{}')\}。$$

因为仍有下述两个不等式

$$p_a{}'<p_b{}' \qquad 和 \qquad E<E-(D_b-D_b{}')$$

因之，无可置疑地，有 $p_a{}'E<p_b{}'\{E-(D_b-D_b{}')\}$。
特别值得注意的是：在当前的假设下，正因为有这些不等式，B 国经营运输业的工资及利润收入，将补偿它因进口而实际减少的国民收入而有余。

由此又得到一个更为重要的推论，在一国疆域之内的两地之间，像通常常见的那样，由本国产业代理人、利用本国资本经营运输业，必定会增加国民收入的实际价值；收入的这种增加，由下述公式表示

$$\{p_a{}'E-p_a(D_a-\Delta)\}+\{p_b{}'[E-(D_b-D_b{}')]-p_a{}'E\},$$

式中由花括弧分开相加的两部分，根据已讲过的，必然是正的。这一公式还可进一步简化为：

$$(9) \qquad p_b{}'\{E-(D_b-D_b{}')\}-p_a(D_a-\Delta)。$$

所以，正如在第十章已见到过的，一种商品从国家的一个地方自由地流向另一地方，有可能不增加、甚至减少生产的总量；有可

能不增加甚至减少国民收入的名义上的价值；但它必定会增加国民收入的实际价值；我们在确定这一点时，并不是根据带有主观随意性的条件，而是正相反，是根据问题中的资料，沿着论述的过程自然地得出的。

将命题普遍化的结果是，同一国界内各地之间最发达的流通，并不一定使国民收入的名义值极大，也未必实现可能的最大生产，或使国家的资源能力得到最充分的运用，但在同样的情况下，却必定使国民收入的实际增加为极大，并实现最有利的运转。

据我所知，对政治经济学的这个基本原理，虽然人们一直有浮泛的理解，却从没有用严密的推理论证过，或从它实在的前提推导过。这可以用如下的事实来证明。主张消除国与国之间壁垒的亚当·斯密学派，总是用任何一个国家内消除内部障碍、扩充流通方式后，财富就无可争辩地增长来论证；这种做法，在作证明的例子与它想要应用的情况之间，存在着基本的不一致；这既是前面计算的结果，也是我们即将要作的进一步说明。

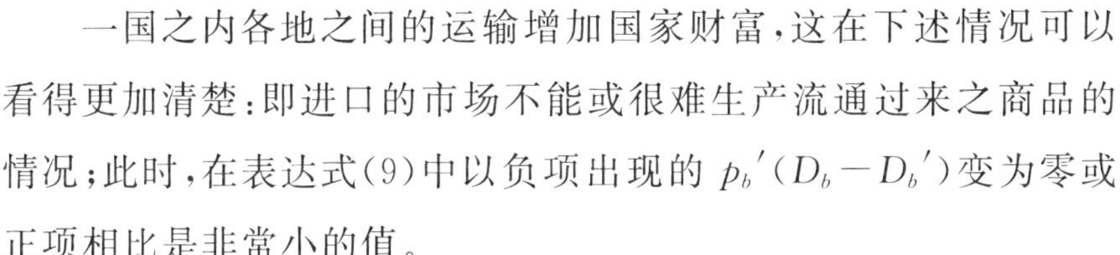
一国之内各地之间的运输增加国家财富，这在下述情况可以看得更加清楚：即进口的市场不能或很难生产流通过来之商品的情况；此时，在表达式(9)中以负项出现的 $p_b'(D_b-D_b')$ 变为零或正项相比是非常小的值。

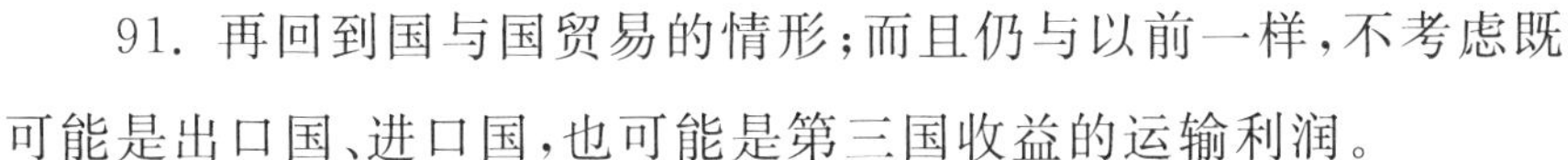
91. 再回到国与国贸易的情形；而且仍与以前一样，不考虑既可能是出口国、进口国，也可能是第三国收益的运输利润。

让我们将注意力集中于出口市场 A、进口市场 B，因为进出口而导致的国民收入的变化上，各种结论都已清楚地论证过，但还要作些说明以应付特殊的反对意见。

有一种说法认为，出口市场不可能只出口商品而不同时进口价值相等的物品；反过来，从一个市场进口也意味着出口同样的价值。所以市场 A 与 B 都应该同时考虑为进口与出口市场，因此就没有明显的理由认为，建立起来的交流对双方财富的影响会有任何差异。所以，已经发现的公式是错的或不完整的，由它们推导出的结论也不确切。

此外（这是亚当·斯密学派的作者们偏爱的一种论调），从出口市场获利的论断及进口市场蒙受损失的论断，应该进一步推断出，一个国家应该设法总是出口而从不进口，然而这显然是荒谬的，因为只有在进口的条件下才能出口，而且本国商品离开口岸时的出口总价值，与外国商品到达口岸时的进口总价值，必须相等。

稍加思考，所有这些论据都会站不住脚，这些思考当然是抽象的，但本质上与这个题目有关。

如果设想的果真是两个原来完全隔绝、后来又突然完全拆除了壁垒的市场，那就有可能发生这样的情况：壁垒拆除使有些商品 M、N、P 等自 A 出口到 B 的同时，也使不同类商品 R、S、T 等自 B 出口到 A。此时，若要评价拆除壁垒对 A 的国民收入以及对 B 的国民收入的影响，就要将两个国家同时考虑为既是进口国又是出口国。这样的设想会使问题大大地复杂化，并导向复杂的结果。

我们迄今一直在讨论的假设，并不属于这种类型；我们假设的是，在市场 A 与 B 之间，除去涉及商品 M 的之外，其他商品的流通程度并未发生变化。事实上可以这样假定，M 是唯一禁止出口的商品，而现在则刚刚撤销禁令。这种仅仅影响一种商品之禁令的撤除，会有什么结果呢？

毫无疑问，若没有等量的价值直接或迂回地自 B 进口，数量为 E 的商品 M 是不会从 A 运到 B 的；但是我们已经考虑过市场 B 内因进口行动而必然有的外国需求，我们还证明，商品 M 的国内生产者因进口而蒙受的损失，以及国内消费者用于 M 以外其他商品 R、S、T 等的总的基金的减少量，都不足以抵消这种外国需求。我们还同样考虑了市场 A 中原来用于国内产品的需求、现在转而用于外国产品的那一部分基金；我们还证明转向外国商品的价值，超过了商品 M 的本国生产者因出口而获得的财富，也超过了本国消费者用于 M 以外其他商品 N，P，Q 等之需求的总金额增加值。所以说，我们已经考虑了问题中的全部资料；正因为这些资料表明，市场 A 与 B 并不处于对称的条件，就难怪我们会发现对两个市场不对称、甚至趋势相反的公式了。

结果是，尽管一个国家只出口而从不进口是荒谬的；尽管这样的企图多么自相矛盾，因为总会有相当于出口量的价值进口，而这个价值采取贵金属或是其他形式，在此并不重要；尽管如此，这一理论说明了，处于交流和贸易关系系统中的政府，为什么会竖起壁垒，禁止种种商品出口或反对某种商品进口。

如果为 A 生产者的利益而建立的壁垒，果真会招致针对第一个壁垒、保护 B 生产者、采取报复性关税方式的另一个壁垒，问题就不再是上面的样子了。A 的政府将不得不权衡利弊，权衡第一个措施对 A 的公民的利益，以及它所触发之报复的弊端。A 与 B 两个市场就这样再次处于对称的地位，而且应该将每个市场都考虑为具有进口与出口双重身份的市场。

92. 显而易见的是，在所有这些讨论中，丝毫也没有注意货币金属的特殊作用;而且如果不使用金钱,理论仍维持原样,因为在财富理论中金钱的作用是个偶然现象。我们不打算回顾已被斯密及其学派的作者们,以多种形式开发得很透彻的这一观点。本文的目的是想介绍一些新观点,而不是罗列众所周知的真理。斯密曾以令人称羡的、充满活力和灵活性的雄辩,彻底摧毁了所谓的贸易平衡论,使它再也不能维持下去。他本人的错误,以及又被他的学生们推进了一步的错误,是将贸易平衡体系等同于丝毫也不依赖于它的贸易壁垒理论;这种错误,是因为当时热衷于维护壁垒的各方,都被迫以当时还受人信赖的贸易平衡系统作掩护。

斯密提出的全部反对意见中,并非针对贸易平衡系统,而是针对关系到国家财富的壁垒理论的部分,在我们讨论过的原理中能找到一个答案。我们将援引一段在他的学说中已成为经典的话作比较:“利用玻璃暖房、温床和火墙,在苏格兰也可以种出很好的葡萄,也可以利用这些葡萄,酿出上好的酒来。”所以他根据贸易壁垒理论建议,鼓励在苏格兰生产葡萄酒,为了提高苏格兰的国民收入率,应禁止从法国和葡萄牙进口葡萄酒。

回答是,在苏格兰如此酿造的葡萄酒即使可口,却会因为价格过高而根本没有或实际上没有需求。这样就适用第 89 节中说明过的情况,那就是外国商品的进口根本不影响国民收入。禁止葡萄酒进口的话,苏格兰就毫无理由地自行剥夺了与消费这种酒有关的欢乐。因为苏格兰的产业和资本,也参与法国酒和葡萄牙酒进入苏格兰市场的商业流通,这种做法甚至还自行剥夺了可观的利润。如果外国葡萄酒的进口使本地酿造的酒类,诸如威士忌的消费,有相当数量的下降,情况会更加复杂;但也有可能是,因为葡萄酒在苏格兰价格高得只有社会中富有阶级才享用，这些葡萄酒的进口，并未使本地生产的酒类，在需求和价格上有任何明显的下降。

93. 还有人进一步反驳说，当一种商品因为进口的缘故，在某个版图内停止生产或只少量生产，这种商品的原材料、占用的资本及雇用的劳力，都会找到其他用途；而且，反过来，当出口鼓励一种商品的生产时，也需要从其他用途上转来人员、资本和原材料，否则就不能增加生产。但是只要随便看一下这种意见，就可发现，在这种意见看来，似乎我们主张，商品 M 的减产，会使原来在减产部分的备产工作中合作，如提供原材料等等的各色人等都不再有收入，又似乎我们主张，同一商品 M 的增产，是依靠凭空冒出来的一批人，去为增产部分的备产工作，如提供原材料等而合作。

其实，我们早已在第 87 节的说明中，事先答复过这种反对意见了，而且我们也已表明，这种运用方向上的替代情形是如何隐含地考虑了的——当然，若考虑的是减少从一种贸易政策转向另一种贸易政策时的痛苦，这件事对直接有关的生产者、甚至对全社会都很重要；但假若考虑的只是政策变化对社会收入所造成影响的数学估量，有关人员工作状态的转换所无法避免的痛苦不在考虑之列的话——这就是一件完全不相关的事了。

94. 这里再从亚当·斯密学派的一位著名作者处借用一个例子，用以明白无误地说明我们的原则和我们所反对的错误理论之间的不同。J. B. 萨伊说："将大麻从里加运到勒阿弗尔，一位荷兰船主要花每吨 35 法郎的成本。没有人能如此便宜地办成这件事；但我假设这个荷兰人可以。他向俄国大麻的一个消费者——法国政府建议，让他以每吨 40 法郎负责这一运输。这样他显然可保留

5法郎的利润。我再假定，法国政府为了照顾法国船东，宁可雇用需要50法郎成本，而且为了有同样利润索价55法郎的法国船只。这意味着什么？这意味着为了给它的公民5法郎的利润，政府将每吨多花15法郎；因为是公民纳了税，政府才有钱用于公共开支，这样的做法无异于让全体法国人多花15法郎，为个别的法国人提供5法郎的利润。”①

如果法国船舶经纪人租的是条外国船，例如美国船，配备的是美国海员，装备的是美国给养，驶往里加，把俄国大麻运到勒阿弗尔，上面的论据就更不可辩驳了；事实上，为了给法国船舶经纪人以每吨5法郎的利润，或者说为了用提供给法国船舶经纪人的利润来增加每年的国民收入，国家不雇用荷兰船舶经纪人和荷兰船员，代之以法国船舶经纪人和美国船员，这个做法其实是以这种或那种方式，为外国工人和生产者的利益，每吨丧失15法郎。

但是，国家为这样一种假设受到的损失，实在太明显，已不值得萨伊提出来讨论。相反，他特地承认，法国经纪人雇用的船员是他的同胞，船身和索具是美国造的，船上给养也是国产商品；从这样的假设出发，他推论说，国民收入的增加量，只达到这里所考虑的经纪人利润的程度。

但是这每吨55法郎是在各种法国制造商和生产者之间划分的，为什么只提出经纪人这部分而不考虑船长、大副、舵工以及组成全体船员的水手们的那一份呢？或者，为什么又不考虑在法国船厂里，为船只制作舱房和缆索的木匠和绳匠呢？或者，为什么又不考虑以其产

① 《政治经济学论文集》第一册，第九章。

品供应和装备船舶的地主呢？船舶经纪人的业务及其资本的利息，与大麻运输事业中，合作共事的其他经纪人的业务和其他投资的收益之间，究竟是什么本质的特点，使他们有如此的区别呢？

要解释这一区别，只能策略地假定，假如政府把货物以 40 法郎的运价交给荷兰经纪人，则法国的船舶经纪人的技能与资本，就再没有其他用武之地；另一方面又要假定，船员都会受雇于其他船只，或其他行业并收到相当的工资，对造船的人也要有类似假设，而且最后还要假设，与法国政府未曾雇用的那只船的建造、装备和供应有关的一切商品，都可找到别的出路。

但是，无论是关于那位船舶经纪人的，还是关于其他生产者及代理人的，这正反两种假定都是毫无理由的。此外，我们认为，有些代理人或生产者在原来的雇用和出路断掉之后，还有其他雇用和出路作为替代的环境条件，与这里讨论的问题，实在毫无关系。付给荷兰船以租金，法国就以这种或那种方式，每吨丧失了 40 法郎的价值。这些价值不再为某些法国工人和生产者提供收入。如果还要继续建造、装备和给养更多的船，就有必要从事适当的竞争，从其他需求处争取资金。损失将转嫁给其他类别的工人与生产者，但国民收入下降的量却一样，当然总还有一些二次性的反应与扰动，但对于一般性的讨论来说，就太过于复杂繁琐了。

在目前的假设下，政府要考虑的有两件事，因为它显然不能不惜任何代价地偏袒本国公民，除非事关公共安全的利益，例如（正像 J. B. 萨伊很恰当地观察到的），如果鼓励商船运输对维持海军是必不可少的，而放弃海军又不能不损害国家安全和政治权力。除非出于这种已经逸出我们讨论范围的重大考虑，行政当局将不

得不考虑，给予本国商业运输的鼓励是否过分：(1)因为这样做消耗掉了有可能用得更为有利、亦即对国家财富的最后增加更为有用的商品和服务；(2)因为这种做法在增加某一特殊类别生产者的收入时，使公共的国库，亦即全体公民承受了不公正的负担；仅仅国民收入有了增加，仅仅这部分人的所得多于其他人的所失，是不够的：还要考虑一切国家和一切时代都服膺的公正原则；在我们所生活的时代，公正原则进一步支配着这个国家，它不允许政治的活动再倾向于加剧自然的不平等条件。

95. 在禁止或限制自由贸易措施的所有讨论中，我们在上面触及的，是基础性质的问题。仅仅准确地分析这类措施对国民收入的影响是不够的；还应该考察这些措施影响社会财富分配的倾向。我们不打算在此着手处理这个微妙的问题，不然就过分偏离本书必须进行的纯抽象讨论。如果我们曾试图推倒斯密学派关于壁垒的学说，也仅仅出于理论的考虑，一点也没有想把自己装扮成禁止性或限制性法律的拥护者。此外，还必须认识到，诸如贸易自由这样的问题，既不能靠科学家的论断，也不能靠政治家的智慧来解决。一种更高的力量驾驭着国家走向这个或那个方向。而当一个体系的日子已成过去，再好的理由也只是徒托空言，而无法使它恢复已失去的活力。政治家的技艺就在于缓解革新精神的狂热，而不是以无望的挣扎对抗自然的律令。掌握稳妥的理论，有助于在日夜辛劳中抵制突兀的变革，促成体制之间的平易递嬗。对争执中的焦点了解得越多，越能平息争执引起的创痛。体制都有狂热的支持者，承继它的理论则否。最终，即使与社会组织有关的理论不是当时体制的行动指南，它们至少阐述的是既成事实的历史。

在一定程度之内，经济理论对社会的影响，能以语法学家对语言的影响来比拟。语言的形成毋庸语法学家的首肯，语言的败坏，语言学家也无能为力。然而他们的著作阐明了语言形成与败坏的规律，而他们的规则，既加速一种语言趋于完善的进程，也稍稍延缓了不规范和不得体对语言的侵袭。

图书在版编目(CIP)数据

财富理论的数学原理的研究/(法)奥古斯丹·古诺著;陈尚霖译.—北京:商务印书馆,2017
(汉译世界学术名著丛书:120 年纪念版:珍藏本)
ISBN 978-7-100-14196-3

Ⅰ.①财… Ⅱ.①奥… ②陈… Ⅲ.①数理学派(经济学) Ⅳ.①F091.345

中国版本图书馆 CIP 数据核字(2017)第 137629 号

汉译世界学术名著丛书
(120 年纪念版·珍藏本)
财富理论的数学原理的研究
〔法〕奥古斯丹·古诺 著
陈尚霖 译

商务印书馆出版
(北京王府井大街 36 号 邮政编码 100710)
商务印书馆发行
南京爱德印刷有限公司印刷
ISBN 978-7-100-14196-3

2017 年 12 月第 1 版　　开本 710×1000 1/16
2017 年 12 月第 1 次印刷　　印张 10
定价:65.00 元